互联网时代的
新金融业态与央行监管挑战

周学东◎主编

The New Financial Format in the Internet Era and the
Challenge of the Central Bank

经济管理出版社

ECONOMY & MANAGEMENT PUBLISHING HOUSE

图书在版编目（CIP）数据

互联网时代的新金融业态与央行监管挑战/周学东主编 . —北京：经济管理出版社，2017.8

ISBN 978 - 7 - 5096 - 5169 - 8

Ⅰ.①互…　Ⅱ.①周…　Ⅲ.①金融业—关系—中央银行—银行监管—研究—中国　Ⅳ.①F832

中国版本图书馆 CIP 数据核字（2017）第 135618 号

组稿编辑：宋　娜

责任编辑：宋　娜　张　昕

责任印制：黄章平

责任校对：雨　千

出版发行：经济管理出版社

（北京市海淀区北蜂窝 8 号中雅大厦 A 座 11 层　100038）

网　　址：http：//www. E - mp. com. cn

电　　话：（010）51915602

印　　刷：北京晨旭印刷厂

经　　销：新华书店

开　　本：720mm×1000mm/16

印　　张：11.25

字　　数：162 千字

版　　次：2017 年 8 月第 1 版　　2017 年 8 月第 1 次印刷

书　　号：ISBN 978 - 7 - 5096 - 5169 - 8

定　　价：98.00 元

学术指导委员会

主任： 周学东

委员： 单　强　贺同宝　杨　立　付喜国　严宝玉
　　　　　刘玉苓　梅国辉　李玉秀

专家委员会

主任： 严宝玉　梅国辉

委员： 雷晓阳　魏海滨　史丙栋　毛笑蓉　徐　斌
　　　　　穆海权　余　剑　周军明　王远志

专家委员会办公室

余　剑　李宏瑾　李　佳　孙　丹　苏乃芳

序　言

当前，互联网与经济社会的深度融合已成时代潮流。在技术进步与金融发展的双重驱动下，我国互联网金融行业发展迅速，新产品和新服务层出不穷，显著提高了金融服务效率和水平。在这种情况下，互联网金融既给传统金融业造成了巨大冲击，也给其带来了新的发展机遇。但在互联网金融快速发展的同时，一些风险和隐患逐渐暴露，并且由于融合了金融业和互联网的特征，互联网金融风险在具备传统金融风险特性的同时，也呈现出更为多样的技术性特点。在行业高速发展与风险日趋暴露的当下，如何促进互联网与金融业的深度融合，积极防范互联网金融风险，推动行业规范健康发展，这对新时期的央行工作提出了更高的要求。

2016年互联网金融风险专项整治工作拉开序幕，各种行业标准的陆续设立和新课题的不断涌现督促着我们深入开展调查研究，力求做到与时俱进。《互联网时代的新金融业态与央行监管挑战》反映了人民银行营业管理部对近年来互联网金融发展趋势、风险防范、监管创新等领域的研究和思考成果，凝聚了我们在履职过程中的心血和感悟，同时也从侧面记载了互联网金融业发展的轨迹。

本书共分八个专题：《P2P网络借贷电子合同法律问题研究》结合典型案例分析了我国P2P网络借贷电子合同中存在的主要法律问题，并参照国际监管经验给出了解决问题的思路；《区块链技术在互联网金融中的创新应用——以P2P网贷平台为例》以P2P网络借贷行业为切入点，有前瞻性地探讨了区块链技术的可行模式与实践难点，总结了区块链技术应用需要关注的问题并提出了相应建议；《我国P2P发展与监管的现状、困境及建议》探讨了我国 P2P 网络借贷行业问题频发的原因，比较了国内外 P2P 行业发展的差异，结合国内情况探讨了行业未来发展与监管的方向；《网络借贷行业资金第三方存管制度研究》立足调研结果，介绍了网贷平台现有的资金银行存管模式及存在的问题，通过构建博弈模型寻找行业未来的发展趋势；《从消费金融视角看互联网金融对传统金融的影响和冲击》以大量而广泛的实地调研为基础，从正反两个方面集中讨论了互联网消费金融对传统消费金融的影响及其原因，并结合国际经验对两个行业的发展进行了趋势预判；《跨境电子商务与互联网金融的融合与监管研究》分析了当前跨境电子商务和互联网金融的融合状况及融合过程中存在的风险，梳理了当前监管现状，并结合融合趋势对下一步的监管提出了建议；《众筹投资的适用性研究》结合案例分析了众筹投资的特殊性及适用性，提出了行业发展的思路；《假币网络舆情监管中的博弈行为研究》通过构建假币舆情的进化博弈模型，从根本上挖掘出假币舆情的成因和演变规律，以期为有效预警和疏导假币网络舆情提供指引。

互联网金融是一个极具挑战的研究课题和领域，本书记录了互联网金融前行过程中的亮点及风险，希望能对读者有所助益。因研究者能力所限，以及互联网金融发展迅猛，书中难免有不足之处，欢迎广大读者批评指正。

周宇东

2017 年 7 月

目　　录

P2P 网络借贷电子合同法律问题研究

董英超等 *

一、绪论

（一）研究背景

1. P2P 网络借贷行业整体发展迅速

P2P 网络借贷，是指借款人与出借人之间通过互联网平台实现的直接借贷。自 2005 年 3 月全球首家 P2P 平台 Zopa 在英国上线以来，得到了全球市场的广泛响应。2007 年 8 月，我国第一家基于互联网的 P2P 平台——拍拍贷成立。自 2012 年以来，我国的 P2P 借贷市场开始迅猛发展，平台数量和交易总额以每年4~5倍的速度递增，远远超出

* 董英超：供职于中国人民银行营业管理部法律事务处（金融消费权益保护处）。参与执笔人：舒昱、代莹、文京、程俊秀。其中，舒昱供职于中国人民银行营业管理部法律事务处（金融消费权益保护处）；代莹供职于中国人民银行营业管理部宣传群工部；文京供职于中国人民银行营业管理部反洗钱处；程俊秀供职于中国人民银行条法司。

P2P的发源地英国和美国①。

P2P网贷模式的引入和发展，给我国民间金融提供了全新的运营模式，在其发展初期展现了巨大的吸引力。对于借款人来说，借助网络平台，可以大幅度降低融资成本，也可以突破民间借贷的地域限制，甚至在某种程度上还有助于其匿名贷款；对于投资人而言，P2P网络借贷是一种比银行理财和证券基金更为便捷、门槛更低、收益更高的全新理财方式。

2. 国内P2P网络借贷行业凸显中国特色的"变形"②

一是与欧美P2P主要以个人消费借贷不同，国内P2P平台对接资产的核心来源多为中小企业的商业融资，带有鲜明的商业贷款的类金融性质，而非点对点、个人对个人的直接借贷。

二是与欧美P2P单一线上运营不同，国内多数P2P平台发展出了线上与线下相结合的模式，即由线上吸引投资者，获取资金；在线下寻找借款人，审核借款人信用，导致国内P2P网贷的利率水平相对较高。

三是与欧美P2P投资人自行承担信用风险不同，国内P2P平台普遍为投资者的本金和利息引入担保安排，通过平台自担保、第三方担保、风险准备金担保、违约债权回购等各类形式，转移借贷交易的信用风险。

3. 国内P2P网络借贷行业电子合同和数字签名应用现状

根据金融搜索平台"融360"发布的调研数据③，在20家被随机抽取的P2P借贷平台中，电子借款合同的缺失率高达20%；而实践中使用可靠电子签名的P2P借贷平台只有寥寥数家，其原因除各平台安全意识不强之外，还有电子认证客单成本过高，数字证书会在一定程度上提高平台的运营成本。以"e贷网"为例，其20万投资人完成一

① 零壹研究院.中国P2P借贷服务行业发展报告2016［M］.北京：中国经济出版社，2016.

② 彭冰.P2P网贷与非法集资［J］.金融监管研究，2014（6）.

③ 刘琪.90%P2P平台信息披露不完整，两成无借款合同［N］.证券日报，2016－03－12.

次数字认证的成本约为 200 万元，如采取 U 盾形式成本则高达 4000 万元①。

（二）　研究现状

P2P 网络借贷和电子合同在国内发展的时间尚短，尽管近年来相关专著、论文汗牛充栋②，但相关理论研究尚不充分，真正有价值的研究成果偏少，而将二者相结合的研究成果则至今未见。笔者梳理当前研究成果，发现它们有如下特点：

第一，在 P2P 网络借贷研究方面，绝大多数学者侧重梳理我国 P2P 行业发展的现状、模式与风险特征，并通过与欧美模式的比较，探索我国监管路径选择，不同研究的区别主要体现在不同监管路径的选择上，如彭冰提出的以银监会为核心监管主体的"底线监管、分类监管"思路③，苗文龙提出的参照巴塞尔规则的"类银行监管"思路④，谢平提出的以数据为基础的"信息监管"模式⑤。

第二，在电子合同法律问题研究方面，多数学者侧重于将电子合同作为研究和分析第三方支付等新型互联网金融模式的切入点，立足电子商务的角度，分析其中涉及的差错处理、责任分担、信息披露和市场监管等实务问题，典型代表如李莉莎所著的《第三方电子支付法律问题研究》。

第三，直至 2016 年 6 月，我国第一部系统阐述 P2P 网络借贷相关法律问题的专著——宋杰所著的《网络借贷风险控制与法律监管》才由法律出版社出版。该书从国内外的 P2P 的基本法律架构出发，对我国 P2P 特殊业务的合法性进行了详细分析，并结合业务运营风险控制

---

① 黄杰. P2P 普遍缺失电子认证：U 盾 200 元一次，采购成本上千万 [J]. 21 世纪经济报道，2015 – 08 – 05.
② 登录中国知网，输入关键词"P2P"，可搜索到相关文献信息有 26000 条以上.
③ 彭冰. P2P 网贷监管模式研究 [J]. 金融法苑，2014（89）.
④ 苗文龙. 互联网金融：模式与风险 [M]. 北京：经济科学出版社，2015.
⑤ 谢平，陈超，陈晓文等. 中国 P2P 网络借贷：市场、机构与模式 [M]. 北京：中国金融出版社，2015.

与金融消费者权益保护的相关内容，同时横向比较英、美的法律监管体系，对我国P2P可行性监管制度进行了探索。但总的来说，该书仍未走出侧重横向比较的窠臼。

（三）研究创新

第一，研究P2P网络借贷行业中的电子合同法律问题具有理论层面的开拓意义。相对于P2P网络借贷在实践中的迅猛发展，国内学界对其中涉及电子合同法律问题的理论研究明显滞后，存在研究空白。在理论研究不够全面与深入的背景下进行本课题的研究，具有弥补这一领域理论研究薄弱之处的开拓性价值，创新性不言而喻。

第二，研究P2P网络借贷中的电子合同法律问题具有实践层面的指导意义。P2P网络借贷行业和基于电子合同的电子商务的规范发展需要有法律和政策方面的制度设计指引，而任何成熟的制度设计都必须建立在坚实的理论基础之上。目前，在我国P2P行业和电子商务发展的实践中已经陆续发生过泛亚骗局、e租宝等涉及非法集资的诈骗案例，因此亟须建章立制，这就需要理论层面的指引。

（四）研究方法

"工欲善其事，必先利其器"，本课题的开展，将综合运用文献调研法、横向比较法、规范与实证分析结合法、现代计量经济方法等多种研究方法，下面将对这些方法进行简要说明。

1. 文献调研法

通过对国内外互联网金融学术界研究成果、欧美网络借贷最新立法、国内P2P电子合同典型案例等既有文献进行梳理分析，明确研究的问题之所在、重点之所在，做到有的放矢，减少重复作业。

2. 横向比较法

由于P2P网络借贷和电子合同发展历史较短，不宜采用纵向比较，因此在对比论证中侧重于进行中外横向比较，着重探讨不同国别和经济背景导致的监管态度和保护方式的差异。

3. 规范与实证分析结合法

在分析现阶段国内 P2P 电子合同法律问题面临的制度"瓶颈"方面，以剖析典型案例为主，偏重实证分析；在进行制度设计方面，侧重法学理论探讨，偏重规范分析。规范分析以实证分析作为经验支持，实证分析以规范分析为理论依托。

二、P2P 网络借贷的基本理论

（一）P2P 网络借贷的概念与性质

1. P2P 网络借贷的概念

P2P 网络贷款，即 Peer - to - Peer Lending，中文多直译为"点对点借贷"或"人人贷"，是一种独立于传统金融机构体系之外的个体借贷行为，它充分利用了互联网带来的信息沟通便捷和交易成本低廉的优势，主要以小额匹配融资方式，促使借款人与放款人之间快速匹配并形成单一或者交互的借款法律关系及其他相关法律关系①。P2P 网络借贷是互联网环境和互联网思维下的一种新的金融业务模式，其实质是公众点对点信息交互和资金流动，而不包含现有监管框架中，仅以互联网技术为依托而实施的普通借贷行为。

P2P 借贷平台主要为 P2P 借贷双方提供信息流通交互、信息价值认定和其他促成交易完成的服务，一般不作为借贷资金的债权债务方。具体服务形式包括：借贷信息公布、信用审核、法律手续、投资

---

① 证监会研究中心汪锦岭："互联网 P2P 借贷模式分析及对证券业的启示"，载于证监会研究网（2013 年 3 月 7 日）。汪锦岭提出网络借贷主要采用"小额集合融资"的方式，本文认为 P2P 平台提供的更多是一种针对不同小额放款和小额贷款借款需求的匹配功能，而集合更多具有资金池的含义，因此将网络借贷的主要方式描述为"小额匹配融资"。

咨询、逾期贷款追偿以及其他增值服务等。除此之外，有些 P2P 借贷平台还提供了资金中间托管结算服务和借款担保服务。

P2P 网络借贷模式的出现，一方面对于促进我国小微企业的发展、拓宽个人理财渠道、促进民间借贷的阳光化和规范化具有积极的意义；另一方面由于其发展迅猛、涉众面广、监管部门和方式尚需进一步明确，存在损害借贷双方等参与人利益、影响金融管理秩序的风险隐患，亟待进一步研究完善。

2. P2P 网络借贷的性质

学术界对此的观点不一："金融机构说"将 P2P 网络借贷完全看作一种创新金融模式，认为它是指"基于互联网平台实现的点对点之间的直接借贷，借贷过程无须金融中介参与"[1]；"中介机构说"认为，P2P 网络借贷是指以"电子商务平台作为一个中介平台，为资金提供方和需求方信息匹配，实现借贷双方的信息对接，进而完成交易的借贷模式"[2]；"复合说"认为，P2P 网络借贷实质上兼具互联网中介、小额信贷业务、理财产品业务和创新金融模式等多重功能，既提供中介服务又充当监督角色。

人民银行、银监会等十部委联合下发的《关于促进互联网金融发展的指导意见》中关于 P2P 网络借贷平台明确规定，"个体网络借贷（即 P2P 网络借贷）要坚持平台功能，为投资方和融资方提供信息交互、撮合、资信评估等中介服务，平台要明确信息中介性质，主要为借贷双方的直接借贷提供信息服务，不得提供增信服务，不得非法集资"。由此可见，目前官方将 P2P 平台定位为信息中介平台。

（二）P2P 网络借贷的发展情况

1. 国外 P2P 网络借贷发展情况

P2P 网络借贷模式于 2005 年首先在英国和美国出现，推出后迅速

---

[1] 刘绘，沈庆劼. P2P 网络借贷监管的国际经验及对我国的借鉴 [J]. 河北经贸大学学报，2015.

[2] 刘宇梅. P2P 网络借贷法律问题探讨 [J]. 法治论坛，2013（1）.

在其他国家得到复制。比较有影响的借贷平台包括英国的 Zopa、Rate-Setter、Funding Circle 和美国的 Prosper、Lending Club。对它们成立以来各自的贷款总量进行统计可以得到以下数据：截至 2015 年 3 月底，Zopa、RateSetter 和 Funding Circle 分别发出贷款约 2.88 亿英镑（约合 4.39 亿美元）、0.64 亿英镑（约合 0.98 亿美元）和 0.9 亿英镑（约合 1.38 亿美元）；Prosper 和 Lending Club 分别发出贷款约 10.52 亿美元和 42.31 亿美元。

2. 国内 P2P 网络借贷发展情况

我国最初的 P2P 网络借贷平台"拍拍贷"诞生于 2007 年的上海，由上海交通大学的学生创办，此后又相继诞生了宜信、陆金所、开鑫贷、红岭创投、有利网、积木盒子等各类模式的网贷平台。

据网贷之家联合盈灿咨询发布的《中国 P2P 网贷行业月报》显示，截至 2016 年 7 月底，P2P 网贷行业累计出现 4160 家平台，其中当前正常运营平台有 2281 家。平台目前投资人数为 348.19 万，借款人数达 115.39 万。P2P 网贷行业历史累计成交量为 23904.79 亿元。从各省市的贷款余额看，前五位分别是北京、上海、广东、浙江和江苏，其贷款余额之和占全国行业贷款余额总量的比例在 90% 以上。网贷行业综合收益率目前为 10.25%，平均借款期限为 8.18 个月。

（三）P2P 网络借贷的运作模式

1. 国外 P2P 网络借贷的主要模式①

（1）美国的债券模式（以 Lending Club 为例）。在贷款流程上，Lending Club 充当投资人与借款人的中介，所有参与者都必须注册成为平台会员，并提供个人基本信息以获得其作为投资人或借款人的资格。其中，为降低风险，投资人在平台最多只能投资本人净资产总额的 10%，借款人的贷款总额必须低于 35000 美元。平台基于信用评

---

① 本文关于英美网贷平台运营模式的介绍，主要源自零壹研究院. 中国 P2P 借贷服务行业发展报告 2016［M］. 北京：中国经济出版社，2016.

级、信用历史和其他因素，对借款人的贷款需求进行等级评定，确定贷款期限和利率后，在平台上予以发布并撮合交易。

在法律关系上，需要注意的是，投资人并不直接向借款人发放贷款，而是直接购买平台发放的、与选定的借款人贷款相对应的收益权凭证（Payment – Dependent Notes），通过合作银行 WebBank 进行专业化放款。随后 WebBank 将贷款卖给平台，以换取该平台通过出售对应收益权凭证所获得的本金。这样，投资人成为 Lending Club 平台的债权人（即收益权人），与借款人之间不存在直接的借贷关系，但因其购买的收益权凭证无任何第三方抵押、担保或者保险，收益权的实现仍然依赖于借款人对贷款的本息偿付。

（2）英国的传统中介模式（以 Zopa 为例）。在贷款流程上，借款人在平台上发布融资需求消息，潜在投资人根据借款人提供的各类认证材料、信用状况以及贷款需求，自主决定是否予以贷款。双方就相关要素协商并达成一致后，在平台上缔结借贷合同。

在法律关系上，平台仅充当借贷双方融资中介，负责制定交易规则、提供交易平台和完成借贷法律文件，不承担债务担保和融资风险。

2. 国内 P2P 网络借贷的运作模式

与国外主要 P2P 借贷平台作为单纯的信息中介，为借贷双方提供纯粹的信息服务不同，在国内，除了少数几家平台仍坚持着纯信息中介的模式之外，大多数平台的运作模式已经发生变化，比如将"P2P"右端的"P"替换后，衍生出诸如 P2C、P2N、P2A 等诸多模式；又比如在原本纯粹的信息中介基础上引入平台担保、第三方担保后，原本的纯粹信息中介也就演变成了信用中介。

目前国内主流的 P2P 模式有以下几种：

（1）信息中介模式。在该模式下借款人和投资人的来源都直接从网络上获取，多为信用借款，借款额小，对借款人的审核、信用评估也多通过网络进行。这种模式比较接近原生态的 P2P 网络借贷。平台强调投资人风险自负，平台承担的风险小，只通过风险保证金对投资人给予一定限度的保障，国内采用这种模式的平台较少，如拍拍贷。

（2）债权转让模式。在该模式下，借款人和投资人之间存在一个专业的放款人，为了提高放贷速度，专业放款人先以自有资金放贷，然后再把债权转让给投资人，使用回笼资金重新放贷。该模式常以理财产品作为包装，其打包销售债权的行为也常被认为有构建资金池之嫌。国内典型的债权转让平台有宜信、冠群驰骋。

（3）担保/抵押模式。该模式是由第三方担保机构对每一笔借款进行担保，或者由借款人自行提供一定资产进行抵押。该模式下投资人的风险较低，而且由于引入了担保机构或办理抵押使贷款速度降低，借款利息会有所下降，并且一些优质的担保机构可能会凭借强势地位影响 P2P 借贷平台的定价权，如陆金所（担保机构提供担保）。

（4）O2O 模式。该模式下 P2P 借贷平台主要负责网站的维护和投资人的开发，借款人由小贷公司或担保公司开发。该模式是由小贷公司或担保公司寻找借款人，再进行审核后推荐给 P2P 借贷平台，再次审核后，将借款信息发布到网上，接受投资人的投标，由小贷公司或担保公司承担担保责任或连带责任。这类模式容易割裂完整的风险控制流程，如小贷公司或担保公司可能专注于开发借款人数量，而忽视了其资格审核；而 P2P 借贷平台可能专注于吸引投资人而降低了审核标准。此种模式平台仍承担较大的风险，如互利网。

（5）P2B 模式。该模式名称中的 B 是指 Business（企业），即一种由个人向企业发放贷款的模式。其特点是贷款金额高，一般来说，少则几百万元，多则上亿元。一般都有担保机构提供担保，由企业反担保。这类模式需要平台具备强大的审查能力、信用评估和风险控制能力，否则担保公司也可能无法偿还借款，如积木盒子。

（6）混合模式。许多 P2P 借贷平台在产品端、借款端、投资端的划分并非泾渭分明，例如，有的平台既通过线上已通过线下开发借款人，有的既撮合信用贷款也撮合担保贷款；有的既支持手工投保也支持自动投保或者定期理财产品。采用该模式的平台如人人贷。

三、我国 P2P 网络借贷行业
风险、立法和监管现状

（一）近年来我国 P2P 网络借贷行业存在的主要问题和风险①

1. 非法集资风险

尽管 P2P 借贷平台仅仅是一个交易平台和中介，基本不参与资金借贷，但由于 P2P 借贷平台的借款人具有"承诺在一定期限内给投标人（出资人）还本付息"、"向社会公众和不特定对象筹集资金"等类似特征，结合上述各类模式的介绍，还可能存在融资性担保、集合理财计划、专业放贷、小额贷款业务、证券化等行为特征，在 P2P 借贷平台自律性不强、公开宣传未受有效约束、投资者整体风险意识和风险承担能力较弱、缺乏有效外部监管等情况下，很容易触犯非法集资、违法经营等法律红线。

2. 信贷技术风险

信贷技术风险是源头风险。P2P 借贷平台的一个重要职能是为小微企业和自然人之间的小额借款进行信用审核，其较大比例的贷款是无抵押无担保和纯信用性的。针对小额借款的居间服务及小额借款本身可以获得更高的收益，但是与传统的银行借贷相比，其相对风险是比较高的，必须依靠合适、专业的信贷技术，诸如交叉校验和社会化指标体系，来弥补财务数据和担保抵押的缺失，以更为客观和准确地揭示借款人的信用状况和信用风险。依靠网络来实现信息对称和信用

---

① 参阅第一财经新金融研究中心. 中国 P2P 借贷服务行业白皮书（2014 年）［M］. 北京：中国经济出版社，2014：118 – 130.

认定模式的难度和风险较大。

3. 产品异化带来的诈骗和杠杆信用风险

部分 P2P 借贷平台的具体产品设计也隐含了风险。为了吸引放款人、提高交易量，信贷产品出现了异化，背离了实体经济需求，尤其是其中的秒标和净值标，会虚增交易量和虚降坏账风险，造成平台虚假繁荣，误导放款人提高杠杆率，这涉及较多主体和较长的信用链条，某一环节的资金流断裂就可能引起整个信用链条崩溃。这种杠杆和信用链条风险需要予以警惕，这类业务的开展也应当予以限制。

4. 中间账户监管缺位和客户资金账户安全性问题

在目前典型的 P2P 模式下，每个放款人、借款人都会在 P2P 借贷平台注册并开立投资账户，投资账户的资金名义上记在每个客户名上，但实质上资金存储于以 P2P 借贷平台名义开立的银行账户（中间账户），除个别引入第三方支付机构账户进行严格独立托管的平台外，大部分平台难以对中间账户资金实行完全封闭和独立性管理，在 P2P 借贷平台资不抵债、倒闭等风险事件发生时也不具有"破产隔离"功能，客户资金的安全性无法保证。

5. 行业缺乏统一的借款人网络借贷信用信息

目前网络借贷的信用信息并未纳入人民银行金融信用信息基础数据库，也未有权威机构提供关于网络借贷借款人借款信息和历史信用记录的统一搜集和查询服务。缺乏已有借款及历史信用信息，将对 P2P 借贷平台和放款人准确判断借款人信用风险造成很大的障碍，也不利于对民间借贷信息和整体信用风险进行有效监测和风险防范，影响网络借贷行业的健康发展。

6. 信息系统安全性问题

如果 P2P 借贷平台的信息系统或者后台数据管理出现问题导致数据破坏或丢失，将很难还原出各放款人的明细债权记录。此外，对放款人而言，由于放款笔数多、资金收付频繁，其很难复核每笔还款金额是否准确。如果网站的信息系统出现问题，导致放款人收到的还款金额有误，放款人在权益维护上也将处于弱势地位。

7. 其他相关的风险

除了上述主要风险，P2P 模式还可能存在网络平台的操作失误和运作不透明、网络平台的倒闭和接管、关联交易不规范和不透明、个人信用信息和借贷信息泄露、借款人遭到不公平对待、信用卡非法套现等风险和问题。

（二）我国 P2P 网络借贷立法发展

2015 年 7 月，人民银行、银监会等十部委联合下发的《关于促进互联网金融发展的指导意见》中明确规定，"个体网络借贷（即 P2P 网络借贷）要坚持平台功能，为投资方和融资方提供信息交互、撮合、资信评估等中介服务，平台要明确信息中介性质，主要为借贷双方的直接借贷提供信息服务，不得提供增信服务，不得非法集资"。

2015 年 8 月 6 日，最高人民法院出台《关于审理民间借贷案件适用法律若干问题的规定》，对于 P2P 分别涉及居间和担保两个法律关系时，是否应当承担民事责任以及如何承担责任作出了规定。

2016 年 2 月 4 日，国务院发布《关于进一步做好防范和处置非法集资工作的意见》，强调进一步完善法规制度，规范 P2P 等投融资领域的发展。

2016 年 3 月 25 日，中国互联网金融协会由中国人民银行牵头成立，协会对 P2P 等从业机构提出了真实、准确、完整、及时向投资者披露信息的要求。

2016 年 8 月，银监会等四部委联合下发《网络借贷信息中介机构业务活动管理暂行办法》（以下简称《办法》），该《办法》第二条规定"网络借贷信息中介机构是指依法设立，专门从事网络借贷信息中介业务活动的金融信息中介公司。该类机构以互联网为主要渠道，为借款人与出借人（即贷款人）实现直接借贷提供信息搜集、信息公布、资信评估、信息交互、借贷撮合等服务"，同时《办法》也明确了 P2P 平台的负面清单。

（三） 我国 P2P 网络借贷监管趋势

1. P2P 问题平台现状

《关于促进互联网金融发展的指导意见》出台一年多以来，全国新增 P2P 问题平台 1114 家，涉嫌诈骗犯罪的有 49 家，涉及"卷款跑路"、庞氏骗局、非法集资等违法行为，其中泛亚事件、e 租宝、快鹿事件因涉及投资人众多、待兑付金额巨大，引起社会极大关注和反响。

2. 监管措施收紧

从 2016 年初开始，上海、北京、深圳乃至全国的金融监管部门和工商登记部门，陆续暂停对带有"互联网金融服务"及类似字样的企业进行登记；同时各地广告管理部门也对 P2P 平台的推送广告进行严格规范。

3. 专项整治工作

2016 年 4 月，国务院组织召开电视电话会议，宣布将在全国范围内启动为期一年的互联网金融专项整治工作，并提出重点整治 P2P 网络借贷等领域。

2016 年 10 月，国务院正式公布互联网金融专项整治工作相关文件，其中银监会下发的《P2P 网络借贷风险专项整治工作实施方案》中，明确将国内现有的 P2P 网贷平台分为三类：一是合规类，支持和督促其合规发展、规范运营；二是整改类，要求其限期整改，整改不到位的依法处置；三是取缔类，直接依法给予行政处罚或追究刑事责任。

四、我国 P2P 网络借贷电子合同的主要法律问题及典型案例分析[①]

（一）我国 P2P 网络借贷涉及的主要合同法律关系

根据双方当事人所处的服务阶段及借贷项目的不同，目前 P2P 网络借贷中主要涉及如下四类合同法律关系[②]：

1. 服务合同（居间合同）关系

该合同关系指由 P2P 网络借贷平台为借款人和出借人提供信息与交易匹配、信用与咨询服务，并收取一定费用而形成的服务合同关系。这一过程符合《合同法》第四百二十四条"居间合同是居间人向委托人报告订立合同的机会或者提供订立合同的媒介服务，委托人支付报酬的合同"的定义，可认定为居间合同。以宜信为例，其服务协议的主要内容包括充值、代管、代收付、提现、查询、发投标、担保反担保等。

2. 借款合同关系

该合同关系指借款人和出借人双方进入 P2P 网贷平台后，通过自我判断确定借贷对象后在平台上签订合同的借款关系，这一过程符合《合同法》第一百九十六条"借款合同是借款人向贷款人借款，到期返还借款并支付利息的合同"的定义，可认定为借款合同。平台通常

---

① 本文所引案例均摘自中国法院裁判文书网，http://old.chinacourt.org。

② 事实上，目前国内各主要 P2P 平台均为投资人提供委托理财服务，鉴于《网络借贷信息中介机构业务活动管理暂行办法》第十条规定的"12 条红线"中禁止平台自行发售理财等金融产品募集资金，代销银行理财、券商资管、基金、保险或信托产品等金融产品，未来 P2P 平台的委托理财合同有可能会逐渐趋于消失。

会在合同中作为第三方，负责对借款人进行信用评级、划拨贷款、代收利息、违约催收等。由此可见，借款合同往往嵌套部分服务合同内容。

3. 担保合同关系

该合同关系指借贷双方在签订借款合同时，为进一步明确担保关系，由借款人与担保机构（平台自身或专门担保机构）签订合同的法律关系，这一过程符合《担保法》第六条"保证是指保证人与债务人约定，当债务人不履行债务时，保证人按照约定履行债务或者承担债务的行为"的定义，可认定为担保中的保证合同。当借款人未能按期偿还借款时，由担保人先行垫付欠款，并获得向出借人进行追索的权利。

4. 债权转让的法律关系

该合同关系指出借人在资金出借后和到期前，可将自己的债权全部或部分转让给第三方，保证出借人在必要时对资金流动性的需求而形成的法律关系，这一过程符合《合同法》第八十条规定的债权转让的定义。这是我国 P2P 网络借贷行业的服务创新，该类合同双方是平台上的任意个人，平台自身通常不参与其中。

（二）P2P 电子合同与电子签名的效力和应用

1. P2P 电子合同和电子签名的效力

《合同法》第十一条规定"书面形式是指合同书、信件以及数据电文（包括电报、电传、传真、电子数据交换和电子邮件）等可以有形表现所载内容的形式"，这确定了电子合同的书面形式效力；《电子签名法》第十三条规定"当事人约定使用电子签名的文书，不得仅因为其采用电子签名的形式而否定其法律效力"，第十四条规定"可靠的电子签名与手写签名或盖章具有同等法律效力"。由此可见，电子合同和电子签名的法律效力已在《合同法》和《电子签名法》中得到肯定。

关于电子签名的证据效力，最高人民法院 2015 年出台的《关于适用〈中华人民共和国民事诉讼法〉的解释》第一百一十六条明确规定：网上聊天记录、博客、微博客、手机短信、电子签名、域名等形成或者存储在电子介质中的信息可以视为民事案件中的证据。

2. 目前国内P2P行业电子合同和电子签名推广情况

如前文所述，基于运营成本等原因，目前我国P2P行业不但借款合同的电子化程度不高，实践中使用可靠电子签名的P2P借贷平台也只有寥寥数家。

同时，《网络借贷信息中介机构业务活动管理暂行办法》对于电子合同与电子签名也未采取强制要求，仅在第二十二条规定"各方参与网络借贷信息中介机构业务活动，需要对出借人与借款人的基本信息和交易信息等使用电子签名、电子认证时，应当遵守法律法规的规定，保障数据的真实性、完整性及电子签名、电子认证的法律效力。网络借贷信息中介机构使用第三方数字认证系统，应当对第三方数字认证机构进行定期评估，保证有关认证安全可靠并具有独立性"。

3. 典型案例与分析：唐骏与上海拍拍贷金融信息服务有限公司、李玉玲民间借贷纠纷案（2014浦民一（民）初字第14813号）

基本案情：原告唐骏通过拍拍贷P2P平台投标向借款人李玉玲出借8000元钱款，后因李玉玲尚有本金及利息逾期未归还，唐骏将借款人和拍拍贷一同告上法庭，要求被告李玉玲归还本息及逾期利息共计10006.60元，并要求拍拍贷公司承担连带还款责任。

判决摘要：唐骏与被告李玉玲之间的民间借贷合同关系有网上借款协议为证，该民间借贷合同关系明确、合法，应受法律保护。原告唐骏以拍拍贷存在更改协议的可能为由，质疑电子合同借出人注册协议的真实性，但本案中法院采信该协议。

案件评析：网络贷款通过网上交易，没有纸质的书面证据，除了电文数据，基本上没有其他证据形式。目前，电文数据，没有独立的证据地位，一般作为书面证据处理，但其中也具有某种视听资料的证据特性。因此，在审查证据时，要考虑证据的客观性、关联性、合法性。根据贷款合同的约定，双方同意本合同使用互联网信息技术以数据电文形式订立并认同其效力。由此法院认可了数据电文在诉讼案件中具有证据效力。当事人以 P2P 借贷平台可能使用技术手段变更协议内容为由提出异议、但没有足以反驳的相反证据的，法院确认电子合同的证明力。本案法院实际上认可拍拍贷提供的电子合同电子签名技术具备了可靠的电子签名效力。

电子签名在技术上可确保电子合同未被篡改，其意义和价值在于维护合法的电子交易过程、规范交易行为，但作为一种技术手段，电子签名本身并不能解决合同内容条文带来的纠纷。P2P 借贷平台需要结合电子合同，从运作过程、法律规范、权责清晰、信息透明等多方面逐步完善业务流程，才能真正发挥电子合同和电子签名的法律效力。

（三）P2P 网络借贷合同诉讼管辖问题

1. 法律法规对电子合同成立地点的规定

《合同法》第三十四条规定"采取数据电文形式订立合同的，收件人的主营业地为合同的成立地点；没有主营业地的，其经常居住地为合同的成立地点"，即电子合同地点确定遵循"营业地规则"；《电子签名法》对此进行了细化，第十二条规定"发件人的主营业地为数据电文的发送地点，收件人的主营业地为数据电文的接收地点。没有主营业地的，其经常居住地为发送或者接收地点。当事人对数据电文的发送地点、接收地点另有约定的，从其约定"。

2. P2P 电子合同成立地点对诉讼管辖的影响

根据《民事诉讼法》第二十三条的规定，在未约定协议管辖的前提下，原告只能在被告住所地与合同履行地法院之间进行选择，而根据最高人民法院司法解释的规定，合同履行地是"接收货币一方所在地"。P2P 网络借贷实操中涉及大量的线上操作。在 P2P 合同纠纷案件中，如果涉及 P2P 平台公司或者单位客户作为被告，由于营业地往往不止一个，存在公司注册所在地、营业场所所在地、租用服务器所在地等多个地址，因此，在互联网金融业务中，相关的协议都应当对合同履行地、争议管辖等进行明确的约定。

3. 典型案例与分析：阿里小贷公司与郑国华网络贷款纠纷案（浙江省杭州市滨江区人民法院（2011）杭滨商初字第 178 号）

基本案情：2010 年 6 月 29 日，原告阿里小贷公司与被告郑国华通过网络在线订立一份贷款合同，约定授信额度为 350000 元，双方同意本合同使用互联网信息技术以数据电文形式订立并认同其效力，同时约定合同的签约地为原告营业所在地。借款到期后，截至 2011 年 3 月 9 日，被告已有 7 笔贷款到期未清偿。原告于 2011 年 3 月 16 日诉至法院，请求判令被告偿还贷款本金 350000 元，并支付相应利息。被告未到庭，也未提供证据，但对诉讼管辖权提出异议，认为杭州滨江区法院是原告所在地法院，非合同实际签约地或履行地，不具备管辖权。

判决摘要：就本案而言，阿里小贷公司的营业场所在阿里巴巴集团总部，即杭州市滨江区，根据《最高人民法院关于适用〈中华人民共和国民事诉讼法〉若干问题的意见》第四条有关"法人的住所地是指法人的主要营业地或者主要办事机构所在地"的规定，阿里小贷公司的住所地，可以确定为杭州市滨江区。有关合同签订地，根据《最高人民法院关于适用〈中华人民共和国合同法〉若干问题的解释（二）》第四条有关"采用书面形式订立合同，合同约定的签订地与实际签字或者盖章地点不符的，人民法院应当认定约定的签订地为合同签订地"的规定，本案合同的签订地也可以确定为杭州市滨江区。因此，本案中滨江区法院具备诉讼管辖权。

案件评析：任何一项与诉讼管辖有关的因素如果要成为管辖根据或联结点，必须具备两个条件：一是该因素具有稳定性，二是该因素与管辖区之间存在特定、充足的关联性。与传统的诉讼管辖相比，网络贷款案件的诉讼管辖的联结点，应该可以有更多的选择余地，比如原告所在地、被告所在地、标的物所在地、合同签订地、合同履行地、IP 地址所在地、服务器所在地、第三方账户所在地。阿里小贷公司的注册登记地在杭州市余杭区（此外，重庆阿里小贷公司的登记地在重庆市江北区），实际营业地在杭州市滨江区，服务器和支付宝公司均在杭州市西湖区，对于贷款合同约定在杭州市滨江法院管辖是否有效？通常来讲，网络贷款主要通过服务器开展业务经营，对于诉讼管辖的约定，首先应该尊重当事人之间的选择，除非所约定的联结点与诉讼法院没有任何关联性。

（四）P2P 平台"违约债务承担"条款的法律效力与应用

1. 实务中平台受让债权合同情形

为提高平台信用，P2P 借贷平台在实践中提供担保的形式，除外部机构担保、平台自身担保和风险备用金三类主流担保形式外，近年来创新出平台"违约债务承担"这一"隐性担保"模式，即在平台居间服务合同或借贷双方借贷合同中，嵌入债权转让条款，约定如借款人到期未能偿还债务，P2P 借贷平台将偿还借款人本息，同时原有债权由平台自动承接。也就是说，债权转让合同的生效以借款合同不能履行为前提，相当于附条件生效的合同条款。

2. 条款的合法性分析

从民商法角度，根据《合同法》第七十九条和第八十条规定，除根据合同性质不得转让、按照当事人约定不得转让和依照法律性质不得转让的三类情况之外，债权人通知债务人后，可以将合同的权利全部或部分转让给第三人。P2P 借贷平台作为广义的第三人，在目前法律层面上未有明确效力性禁止条款的前提下，在法理上可以成为债权受让人，其在借款人不履行借贷合同时，能够以自身名义提起诉讼。

但从经济法和行政监管角度，P2P 平台毕竟具备一定的特殊性，在借款人不能清偿债务时平台受让出借人的债权，相当于平台对债权人进行银行担保，不利于 P2P 平台作为信息中介机构的风险隔离。同时，如果受让债权出现严重债务违约，会在一定程度上形成系统性风险，影响平台整体投资人的利益。《网络借贷信息中介机构业务活动管理暂行办法》第十条规定的"12 条红线"中，也明确规定平台不得"直接或变相向出借人提供担保或者承诺保本保息"，这体现出监管机关的具体态度。

3. 典型案例与分析

（1）温州翼龙贷经济信息咨询有限公司与霍秀芹、赵文生、张桂春保证合同纠纷案（（2015）宽民初字第00897号）。

基本案情：翼龙贷公司是提供网贷居间服务的P2P平台，其与借贷方签订的《合同管理费的权利和义务》第三条约定，贷出方和借入方同意管理方有权代贷出方在有必要时对借入方进行催收工作，包括对借入方提起诉讼。借款人蒋某通过平台从13位借款人中借入6万元，但期满后未偿还债务。翼龙贷公司根据以上条款提起诉讼。

判决摘要：虽然按合同约定贷出和借入方同意管理方有权代贷出方对借入方提起诉讼，但在合同的贷出方未将债权转让给本案原告时，原告仍无权以债权人的身份作为原告起诉借入方，据此温州翼龙贷经济信息咨询有限公司以原告身份作为诉讼主体起诉属主体不适格。

案件评析：借款人未将债权转让给P2P借贷平台时，平台仍是不适格的诉讼主体。

（2）上海点荣金融信息服务有限责任公司与上海山石久渡服饰有限公司、李坚强等借款合同纠纷案（（2014）黄浦民五（商）初字第6199号）。

基本案情：点荣公司是提供网贷居间服务的P2P平台，其网站格式借贷合同约定：借款人出现逾期还款或逃避债务时，经全体出借人一致同意下，由点荣公司受让债权并统一向借款人追索。2013年9月，李坚强在平台发布50万元借贷标的，从264名出借人中筹得借款，并有石久渡公司等提供担保。但李坚强自2013年12月开始逾期还款，点荣公司催收未果，遂于2014年7月发出受让出借人债权通知，并将借款人李坚强告上法庭。

判决摘要：原告点荣公司作为为出借人和借款人提供借贷咨询和管理服务，促成双方签订借款合同的平台，提供的确系居间服务。然而出借人与借款人签订的借款协议已明确约定，若借款人出现逾期还款90天或借款人在逾期后出现逃避、拒绝沟通或拒绝承认欠款事实等恶意行为的，全体出借人一致同意将本协议项下债权无偿转让给原告，由原告统一向借款人追索。该约定是合同当事人的真实意思表示，于法无悖，本案债权转让亦不属于《中华人民共和国合同法》第七十九条所规定的债权转让的除外情形，且原告已于 2014 年 7 月 11 日通过电子邮件形式通知本案被告债权转让的事实，故点荣公司已成为合法债权人，在借款人不履行还款义务时，有权以自己的名义提起诉讼。

案件评析：点融网在其借款合同中做了一个非常巧妙的设计，其借款合同第 8.5 条规定，为集中维护各出借人权利，如借款人出现逾期还款 90 天，或借款人在逾期后出现逃避、拒绝沟通或拒绝承认欠款事实等恶意行为的，全体出借人一致同意将本协议项下债权无偿转让给居间服务人，由居间服务人统一向借款人追索。点融网正是基于这个约定在借款人未及时还款时获得了投资人的债权，并且这种债权转让是一种自动无偿转让，无须投资人再行确认，当条件成就时，债权自动转让。因此，上海黄浦区法院认可了债权转让的效力。

（五）在 P2P 平台冒用他人身份签约的法律效力问题

1. 法律关于 P2P 平台用户身份的规定

关于 P2P 出借人或借款人的身份资质，《网络借贷信息中介机构业务活动管理暂行办法》在第十一条规定"参与网络借贷的出借人与借款人应当为网络借贷信息中介机构核实的实名注册用户"，其中关于借款人，在第十三条第一款仅原则性规定其不得"通过故意变换身份、虚构融资项目、夸大融资项目收益前景等形式的欺诈借款"。

2. P2P 平台中的冒用身份问题

《合同法》第五十四条第二款规定，一方以欺诈、胁迫的手段或者乘人之危，使对方在违背真实意思的情况下订立的合同，受损害方有权请求人民法院或者仲裁机构变更或者撤销。因此在 P2P 借贷过程中，冒用他人用户名、密码的行为属可撤销行为。

但是，由于 P2P 借贷交易具有特殊性，申请借款行为通常是通过网络进行的，当事人通过网络点击确认的方式签订电子合同，比照票据的无因性原则，冒用他人名义签订借款合同，宜直接认定合同有效，更有利于维护网络交易安全和债权人的保护。

3. 典型案例与分析：上海某 P2P 平台诉沈某借款合同纠纷案

基本案情：沈某通过某 P2P 平台以信用方式向投资人借入 8.5 万元，借款期限为 24 个月，同时借款合同约定若借款人逾期，P2P 平台将以风险准备金向投资人代偿债务。后沈某逾期，P2P 平台对投资人进行代偿，并将沈某诉至合同签订地上海市杨浦区人民法院要求其偿还应付款项。

在庭审过程中，沈某辩称平台借款人并非其本人，而是其前妻（借款时双方婚姻关系仍存续）与他人冒名顶替，以沈某名义在平台上向投资人借款，该笔资金进入其账户后立即被转入其前妻账户，沈某表示对此毫不知情，且该笔借款是其前妻用来偿还高利贷和信用卡的个人行为，并未用于任何家庭开支，因而沈某主张其对于该借款不承担责任。

审理情况：原告诉称平台网站用户名、第三方支付账户、银行卡、身份证以及个人征信报告等信息均显示沈某办理了该借款手续，第三方支付取现记录、取现银行卡等也均是沈某名义下的，且借款时沈某与其前妻婚姻关系尚存，故 P2P 平台有理由相信沈某是该笔借款的当事人，应当支付平台代偿的所有本金、利息及罚金。鉴于当前司法实践对 P2P 借款人身份认定尚未达成一致，该案悬而未决，迟迟未作宣判。

案件评析：在司法实践中，认定借款人真实身份的构成要件应包含如下两方面：一是以网站平台注册的用户名、密码登录操作借款行为，形成合同关系；二是借款进入借款人绑定的交易账户，形成资金交易关系。

（六）P2P 平台违反居间义务的合同责任问题

1. 法律关于 P2P 平台用户违反居间义务的相关规定

对于 P2P 平台的居间义务，《网络借贷信息中介机构业务活动管理暂行办法》第九条第（二）项规定，平台应"对出借人与借款人的资格条件、信息的真实性、融资项目的真实性、合法性进行必要审核"，第十条第（十）项规定，平台不得"虚构、夸大融资项目的真实性、收益前景，隐瞒融资项目的瑕疵及风险，以歧义性语言或其他欺骗性手段等进行虚假片面宣传或促销等，捏造、散布虚假信息或不完整信息损害他人商业信誉，误导出借人或借款人"。但是，该《暂行办法》并未对 P2P 平台违反居间义务导致投资人损失的责任界定和损失赔偿问题作出任何规定，仅在第四十条作出原则性规定，"网络借贷信息中介机构违反法律法规和网络借贷有关监管规定，有关法律法规有处罚规定的，依照其规定给予处罚"。因此，P2P 平台违反居间义务，主要还应从《合同法》角度进行分析。

《合同法》第四百二十五条规定"居间人故意隐瞒与订立合同有关的重要事实或者提供虚假情况，损害委托人利益的，不得要求支付报酬并应当承担损害赔偿责任"，但对于如何承担损害赔偿责任，该法并未规定详尽。

2. P2P 平台用户违反居间义务的实践情况

实践中，P2P 平台除基于促成交易、收取佣金的目的而有意对委托人实施隐瞒或欺骗行为外，还存在由于能力不足或疏忽导致遗漏重要事实，或被借款人欺骗、误导而提供错误信息的情形，《网络借贷信息中介机构业务活动管理暂行办法》与《合同法》对此类过失责任均无相关规定，在实践中通常按照《侵权责任法》中规定的过失侵权予以解决。

3. 典型案例与分析：李某诉上海某房产中介公司居间合同纠纷案（2013）沪二中民终字第 578 号①

基本案情：2012 年 3 月，李某、汉宇地产及周某签订了一份房地产买卖居间协议，约定经过汉宇地产的居间介绍，李某向周某购买一栋总价为 118 万元的房产。周某向汉宇地产提供了房产公证书以证明权属后，李某通过汉宇地产向周某支付了购房定金 20 万元。后公安

① 目前 P2P 行业缺少同类参考案例，房地产中介的居间案例具备一定的相似性。

机关查明周某在订立合同中存在欺诈行为，2012 年 10 月，周某因合同诈骗罪被判有期徒刑八年，并判令返还被害人李某损失。李某认为汉宇地产在提供居间服务时存在明显过错，遂于 2013 年起诉，要求汉宇地产赔偿损失 20 万元。一审法院经审理，判决被告汉宇地产对周某在刑事退赔不足部分 3 万元范围内，对原告予以赔偿补充责任。原告李某不服，向二审法院提起上诉。

审理情况：二审法院认为，在周某伪造的公证文件中，其出生日期与其身份证号码记载明显不一致，该事项无须专业知识即可判断，被告对于该明显疑点应当赴公证机构进行现场核实，但汉宇地产并未采取前述措施。汉宇地产作为专门从事居间业务的机构，开展业务应当尽到必要的审慎义务，在本案中存在过失情形。综合上述情况，判决被告汉宇地产对周某在刑事退赔不足部分 10 万元范围内，对原告予以赔偿补充责任。

案件评析：当居间合同中居间人责任出现违约责任与侵权责任竞合时，如何在居间人与直接侵权人之间界定责任的性质与分配，目前仍然存在较大争议，实践中有连带责任、按份责任、补充责任三种，本案由于居间人不存在主观故意，且直接侵权人对原告的大部分经济损失进行了刑事赔偿，因此法院按照补充责任予以判罚。但涉及 P2P 业务，由于平台承诺保本付息的情形较为多见，未来的司法判例将更为复杂。

五、P2P 网络借贷合同的国际监管经验

（一）P2P 网络借贷的英美监管经验

1. 美国的类证券监管模式

在监管理念上，美国对 P2P 确立以全面信息披露为核心的严格监

管模式，注重行为监管，将 P2P 视为面向公众发行的债券，直接纳入证券法律体系，由此形成以美国证券交易委员会（SEC）为主导，消费者金融保护局（CFPB）、联邦贸易委员会（FTC）、州证券监管部门等监管机构参与的多机构监管模式，其中 SEC 和 CFPB 是核心监管部门，分别主要负责对贷款方和投资人进行管理。

SEC 和各州证券监管部门主要依靠《证券法》的强制信息披露要求和反欺诈条款来保护投资者，所有 P2P 公司都必须在 SEC 注册成为证券经纪商，此外还需要在选定的州证券监管部门登记以获准向该州居民发售收益权凭证；而 CFPB 主要基于多德—弗兰克法案（Dodder - Frank Act）设立，侧重于保护借款人。

2. 英国的金融牌照模式

在监管理念上，英国注重以宽松的监管态度鼓励 P2P 行业发展，主要体现在：一是适度的准入监管，政府并不设置严苛的市场准入条件；二是未附加强制的信息披露约束，P2P 平台应进行自主性的信息披露与风险提示，而非披露全部细节，以避免对客户造成信息甄别负担；三是设置政策过渡期，规定自 2014 年 4 月后成立的 P2P 平台必须向 FCA 申请牌照。

从 2014 年 4 月开始，英国金融监管局（FCA）将 P2P 纳入监管范畴，P2P 平台被归为消费信贷类金融企业，需要取得 FCA 下发的业务许可证并缴纳许可费用。FCA 下发的监管规则着眼于对投资者的保护和促进行业的有序发展，对平台的最低资本要求、客户资金管理和信息披露都有明确规定，其中信息披露是核心监管规则。

与美国对比，英国 P2P 行业的自律管理突出，2011 年行业成立自律组织 P2P 金融协会（P2PFA），协会确定了最低资本金要求（2 万英镑）、客户资金隔离、适当信用与支付能力评估、适当反洗钱与反欺诈措施等平台运营原则，确保最佳实践、提供行业信息、密切与政府机构和监管部门合作，保证 P2P 行业的公平竞争。目前，该协会已经覆盖了全英 95% 以上的 P2P 借贷市场，成为政府法律监管的有力补充。

（二）电子合同的国际立法经验

关于电子合同的成立地点问题，联合国国际贸易法委员会《电子商业示范法》就数据电文的发出地点和接收地点作出规定，除非另有协议，数据电文应以发件人和收件人的营业地视为其发出和接收地点；如营业地多于一个，应以与基础交易具有最密切联系的营业地为准；如没有营业地，则以惯常居住地为准。该示范法带有明显的技术中立色彩，仅规定具体的技术性规则，不涉及合同效力等约束性规则，从而对各国起到良好的借鉴作用。美国《统一电子交易法》所作规定与该示范法基本相似，但舍弃了其中的"没有营业地则以惯常居住地为准"的规定。而《联合国国际合同使用电子通信公约》中，则将最密切联系的对象由基础交易改为有关合同关系。此外，澳大利亚的《1999年电子交易法例》、新加坡的《电子交易法》、韩国的《电子商业基本法》、中国香港地区的《电子交易条例》在合同成立地点上基本都采纳了"最密切原则"。

关于电子合同的签章问题，美国《全球和国内商业电子签名法》规定，对于与规定交易有关的签章，不得仅因为其电子形式而否认其法律效力。我国台湾地区和香港地区均允许使用电子签章，但须经合同相对方同意。韩国《电子商业基本法》规定，一份经被授权的认证机构认证的数字签名，除非法律另有规定，应被视同有关法律所规定的有效的签名或印鉴。新加坡《电子交易法》规定，如果一项法律规则要求签名，或者规定某一文件未经签名会产生特定的法律后果，则采用电子签名的形式满足该法律规则。

关于电子合同的产生时间问题，各国普遍从新兴技术推广而非立法角度予以解决，目前主要通过第三方时间戳服务机构提供的在线时间戳服务，用以证明电子文件产生的时间以及内容完整、未被更改，结合P2P运营平台的注册信息、交易记录、风控档案、系统日志等多环节的电子证据，达到事后各参与方无法抵赖的目的，为金融消费者提供了原始性保障手段。

（三）国际监管与立法经验对我国的几点启示

一是努力在保护公众投资人利益和发展互联网金融上取得平衡，监管太严则包括 P2P 在内的众多互联网金融产品相对传统金融的优势无法发挥，控制太松则可能造成欺诈横行和公众投资人利益受损；二是应当不断完善行为监管和金融消费者权益保护的有关规定，突出 P2P 平台信息披露、负面清单、业务红线等具体要求；三是在电子商务、电子合同法等上位法律尚未健全的背景下，应大力推广电子认证、可信时间戳等新兴 IT 技术，以技术完善和推动立法变革。

六、政策建议

（一）逐步构建金融消费权益保护为核心的 P2P 功能监管框架

基于 P2P 业务模式在我国的特殊性，虽然其被定位为网络信息中介，但又具备一定金融信用中介特征，《网络借贷信息中介机构业务活动管理暂行办法》采取行为监管和机构监管相配合，以银监部门为核心责任主体、地方金融监管部门为执行主体的"双负责"监管模式。

本书认为，在 P2P 功能监管方面，银监部门能够发挥的作用，主要体现在长期积累对商业银行实施机构准入、资本充足率、流动性监管、高管审批等审慎监管措施而形成的监管经验，其对于大众投资人的利益维护，并不比其他金融监管部门具备更多的经验与优势。在规范 P2P 网络借贷平台逐步回归信息中介的大前提下，考虑到 P2P 网络借贷的借款人和投资者在本质上都属于金融消费者这一基础事实，该行业比其他任何一种金融业务都更为依赖金融消费者监管机构的充分监管，从顺应国家金融管理体制改革和互联网金融整体发展的趋势出发，应逐步探索纳入国家金融消费者权益保护部门主导 P2P 乃至其他交叉性金融产品的行业监管①。

（二） 积极推动《合同法》、《电子商务法》等互联网金融上位法律的立法修订

P2P 行业乃至互联网金融不仅涉及电子合同问题，还涉及我国法律、法规等上位立法的动态调整，不可能由银监会等政府部门下发层级偏低的部门规章来全盘解决。鉴于 P2P 电子合同实践中的情形复杂，最高人民法院现阶段可通过下发典型司法判例的形式指导各级法院的审判实务，在逐步归纳原则的基础上下发司法解释或提请上位立法修订。

在具体制度的设计上，一是提升电子证据的不可否认性和可用证据性，要求 P2P 平台和必要的参与主体（如外部担保机构）必须使用第三方数字认证系统和时间戳服务机构提供的电子认证服务，引导其他主体逐步通过数字证书实现电子签名；二是强化和细化 P2P 平台作为居间主体的审慎调查与充分披露责任，明确其在不同情形下应承担的违约或侵权责任范围；三是必须明确我国现有的 P2P 行业特有的"违约债务承担"等特殊合同条款的法律适用，甄别其合法与非法的界限。

（三） 建立健全多元化的 P2P 电子合同纠纷解决机制

P2P 的行业特征与电子合同的运作模式，决定了其相互结合必然

---

① 事实上，美国政府责任办公室向美国提交的关于 P2P 行业发展与监管报告中，也对由 CF-PB 取代 SEC 对 P2P 进行监管的方案进行了调研与论证。

会存在诸多法律问题，而这些问题可能引发各类民商事纠纷问题。为保证平衡监管成本及利益的均衡，构建多元化的 P2P 电子合同纠纷解决机制势在必行。

对此可提出以下建议：一是加强互联网金融行业自律。充分发挥中国互联网金融协会等行业协会的自律机制在规范从业机构市场行为和保护行业合法权益等方面的积极作用。二是创新金融消费者保护机制，探索引入在线专业调解制度①，建立和解金赔偿制度（行政和解制度）、违约或侵权行为人主动补偿制度等，以利于纠纷快速、高效、便捷地解决。三是通过立法解释、司法解释、典型案例等方式对 P2P 电子合同纠纷中可能涉及的复杂问题进行梳理与明确。

参考文献

［1］零壹研究院 . 中国 P2P 借贷服务行业发展报告 2016［M］. 北京：中国经济出版社，2016.

［2］第一财经金融研究中心 . 中国 P2P 借贷服务行业白皮书（2016）［M］. 北京：中国经济出版社，2016.

［3］谢平，陈超，陈晓文等 . 中国 P2P 网络借贷：市场、机构与模式［M］. 北京：中国金融出版社，2015.

［4］陈宇 . 风吹江南之互联网金融［M］. 北京：东方出版社，2014.

［5］陈文，王飞 . 网络借贷与中小企业融资［M］. 北京：经济管理出版社，2014.

［6］苗文龙 . 互联网金融：模式与风险［M］. 北京：经济科学出版社，2015.

［7］何松琦，周天林，石峰 . 互联网金融：中国实践的法律透视［M］. 上海：上海世纪出版社，2015.

［8］宋杰 . 网络借贷风险控制与法律监管［M］. 北京：法律出版社，2016.

［9］吴景丽 . P2P 网络贷款的九大司法诉讼问题［N］. 人民法院报，2015 - 01 - 28.

---

① 可适当借鉴欧盟的替代性金融纠纷解决机制（Financial Alternative Dispute Resolution, ADR）和在线争议解决机制（Online Dispute Resolution, ODR）。

［10］张雪楳. P2P 网络借贷相关法律问题研究［J］. 法律适用，2015（3）.

［11］谢平，邹传梅. 互联网金融模式研究［J］. 金融研究，2014（12）.

［12］岳苏萌. 我国 P2P 网贷运营模式研究［J］. 互联网金融与法律，2014（5）.

［13］杨东. 论金融服务统合法体系的构建——从投资者保护到金融消费者保护［J］. 中国人民大学学报，2013（3）.

［14］彭冰. P2P 网贷监管模式研究［J］. 金融法苑，2014（89）.

区块链技术在互联网金融中的创新应用

——以 P2P 网贷平台为例

吴逾峰等[*]

2015 年以来，金融技术领域出现了一股研究、投资区块链技术的热潮，这或将成为未来金融业升级的方向。

一、区块链技术契合我国互联网金融发展的趋势

（一）我国互联网金融发展的特点

一是我国互联网金融发展空间巨大，影响深远。伴随着如火如荼的信息技术革命，互联网正日益成为推动社会转型和经济创新的先导力量，也相应地改变着金融体系的传统模式和既有结构。在第二届世

---

[*] 吴逾峰：供职于中国人民银行营业管理部金融研究处。参与执笔人：陶娅娜、李康、陈涛、张骁、王琦、黄礼健。其中，陶娅娜、李康供职于中国人民银行营业管理部金融研究处；陈涛、张骁供职于中国人民银行营业管理部清算中心；黄礼健供职于交通银行北京分行研究发展部；王琦供职于中国人民银行营业管理部反洗钱处。

界互联网大会上，习近平主席强调互联网是人类共同的家园，在"十三五"时期，中国也将大力实施网络强国战略，这都意味着互联网金融正在国家战略层面上得到认可与肯定。

二是互联网金融的发展趋势取决于我国经济金融的改革方向。在当前倡导"大众创业、万众创新"的时代旋律中，在注重经济结构调整、发展模式转变的"新常态"经济背景下，需要更为便捷的金融服务、更加多元的金融产品和更显高效的金融资源配置渠道来满足不断拓展的金融需求，为经济增长提供坚实动力。互联网金融的发展与演进，也势必要遵循市场配置资源、信息公正透明、服务实体经济、推动普惠金融的方向和趋势。

首先，在推进供给侧结构性改革过程中，要求互联网金融能够带动市场开放，提升投融资双方的匹配效率，以此解决金融资源供求的结构性失衡；其次，创业创新时代要求互联网金融通过去中介化手段提升信息透明度，降低交易费用，缓解中小微企业融资难、融资贵问题；再次，普惠金融的践行要求互联网金融提升经济金融的共享性，促进各类经济主体公平地参与金融活动、进行金融交易和享受金融福利；最后，人民币国际化和金融全球化要求互联网金融参与搭建高可信性、高流动性的全球金融体系，为跨境的资金融通、财富管理带来新的发展空间。由此可见，开放、分享、去中介、低成本、资源可再生成为互联网金融发展的必然趋势和功能演进的必经途径。

三是技术革新成为我国互联网金融路径选择的重要基础。创新理论鼻祖熊彼特在刻画技术创新对市场结构的巨大冲击效应时曾有一段精彩论述："在市场中真正占据主导地位的并非价格竞争，而是新技术、新产品的竞争；它冲击的不是现存企业的盈利空间和产出能力，而是它们的基础和生命。这就好比用大炮轰一扇门，是打开它的最好方式。"金融行业在技术层面上的创新应用向来都较为前瞻与领先，从20世纪五六十年代开始，几乎每一个十年，金融行业在核心技术方面都实现了扩展和延伸，并以此为基础打造了新的经营、服务模式，达到了提高效率和控制风险的目的。20世纪80年代以来，技术创新对金融的持续影响大概经历了三个阶段：初期，科技作为工具推进银行业务处理效率的提升；中期，科技推动金融机构服务和产品的创新；当代，由科技催生的互联网金融普遍兴起，金融理念与金融模式全面变革。

正是基于互联网、移动互联网、物联网、大数据、云计算等技术的应用，互联网金融得以发挥出巨大的潜力和优势。而且，金融业在技术创新驱动下的变革历程仍在快速推进中。互联网金融、大数据金融、人工智能金融和区块链金融都将是未来金融发展的方向。

（二）区块链技术的原理、特性及当前应用

区块链（Blockchain）的概念最先出现在比特币的相关论述中，是比特币的底层技术基础。尽管比特币的兴起和交易存在着诸多争议，但区块链技术正在获得经济金融领域的日益关注，并和大数据、云计算等其他互联网技术一样，被认为可能会对现有经济金融领域造成又一次的革命性冲击。2015年，包括摩根士丹利、高盛、巴克莱等遍及五大洲的50多家顶级金融机构在内的R3 CEV区块链联盟组织正式成立，吸引了全球金融行业内的各种顶级资源来进行区块链应用方面的研究。

1. 区块链技术的原理

（1）区块与链。区块链技术的实现需要构建一个点对点的网络。这个点对点网络中的每个节点地位是对等的，且不同节点相互连通和交互。历史的所有数据信息（如交易记账记录）都存在点对点网络里的每个节点中，以固定格式（"区块"）保存这些数据，并按时间顺序排列（"链"）在一起，因此被称为区块链技术。区块链网络的本质是分布式储存与处理数据信息的技术。由每一个节点共同验证、储存、处理数据信息，而不是某一个或几个中心服务器进行验证、储存、处理数据信息。

区块链下，每个节点都可能接收外部数据源或者某个邻近节点传递过来的数据信息，接下来此节点用预先定义的算法和标准对数据信息进行验证，如果发现数据信息真实有效，就进行预存处理并通过点

对点网络传递给邻近节点来进行验证和预存。当此节点发现某条数据信息是无效时，会立即废弃该条数据并不再向邻近节点转发以保证无效数据信息在点对点网络中不再传播。在某个时间点，由该点对点网络预先定义好的共识机制来决定出某一个节点作为一段时间区间内所有有效数据信息的记录人，也就是这个记录人节点将这些预存数据信息以固定格式生成一个新的"区块"。这个记录人节点同样需要将生成的新区块通过点对点网络传递给邻近的节点，每个节点同样以预先定义的算法和标准来进行验证，如果验证结果为真实有效，此区块会被全网所有节点"链"接到之前保存的历史数据信息区块链条。

（2）智能合约技术。区块链网络中每个节点在验证数据信息是否真实有效时所应用的具体计算机算法可以理解为是智能合约技术。例如，在比特币的发行与交易区块链网络中，用户 A 发起一笔比特币汇款给用户 B，此项交易数据变为真实有效需要满足许多条件：用户 A 的比特币账户余额必须大于或等于发起汇款的数目，用户 B 的账户必须是真实存在的，此项交易数据的发起人必须能证明是用户 A 本人的账户，交易数据的具体结构组成必须是与区块链网络预定义完全一致的等。而这些必须满足的条件需要以计算机语言的形式与数据信息一起封装并传输到区块链网络中，在数据需要被验证真实有效的时候被执行，这些算法便是最基本的智能合约技术。进一步而言，更为高级的智能合约技术则可以运用逻辑判断程度更为复杂的计算机算法去验证不同类型的金融活动所产生的数据信息是否满足某些特定条件，从而使区块链技术有很大的潜力可以被应用到各种层次、不同类型的经济金融活动中，甚至被认为有潜力可以取代一切金融中介。

2. 区块链技术的特性

（1）参与主体的开放共享性。区块链技术具有开源、透明的特性，系统的参与者能够知晓系统的运行规则，从而最大限度地通过区块链系统参与到交易中去。通过源代码的开放和协作，区块链技术能够促进不同参与者、开发者、研究者以及机构间进行协作，使其相互取长补短，从而实现更高效、更安全的解决方案。

（2）信息机制的真实透明性。如上文所述，区块链网络中的共识与验证机制是保证数据真实安全的关键。由于区块链网络的本质是分布式储存与处理数据信息的技术。由每一个节点共同验证、储存、处理数据信息而不是某一个或几个中心服务器进行验证、储存、处理数据信息的方式可以提升数据的真实透明性。区块链的每一个节点和参与者既是信息的发出者，也是信息的保存者和监督者，最大限度地促进了整个交易系统的信息对称和真实透明。

（3）数据存储的安全可靠性。由于数据的保存完整性体现在所有交易数据以区块链的形式存储在每一个节点中。因此理论上说，即使区块链网络由于受到外界物理或技术破坏导致整体瘫痪无法运行，但只要剩下其中一个节点中的数据没有受到破坏，那么真实的数据信息就是可以被保留的、完整的，待区块链网络重新正常运行后，保存完整的历史数据信息便可以重新恢复到每个节点中。因此理论上说，节点数量越多，区块链系统中存储的数据信息就越完整和安全，整个信息由于外界物理或非物理因素被破坏和篡改的可能性也会越低。

（4）技术架构的灵活多层性。根据不同的应用场景和用户需求，区块链技术具有灵活的架构，可以划分为公有链、私有链和联盟链几大类型，能够针对不同的交易主体、交易内容和规模，实现更加高效、更低成本的流动。

3. 区块链技术在金融领域的应用价值

互联网金融浪潮在全球范围改变了传统金融业务模式，但当前直销银行、互联网保险、互联网券商等平台的重点还是在于渠道的争夺和经营模式的改变，而区块链技术的应用有望将金融业的下一个发展阶段推向更加接近金融本质的层面——信用。理论上讲，在技术识别能力足够的情况下，它能让交易双方无须借助第三方信用中介开展经济活动，从而实现全球低成本的价值转移。

（1）应用于支付结算与清算等基础金融业务。目前同一金融机构（如商业银行等）内部的支付结算系统通常是由一中心或多中心的方式来构建网络并储存重要交易数据的。虽然中心化网络的数据安全可以通过对中心服务器进行物理与技术的"严防死守"来实现，但同样也有可能因为中心服务器受到物理与技术的严重冲击导致全系统瘫痪或重要数据彻底丢失。比如，要在同一金融机构内搭建区块链网络，可以在不同分支机构与总部内架设区块链网络节点，利用区块链网络去中心化的数据存储和记账模式与智能合约技术实现支付结算的业务逻辑，而普通用户通过网络或实体客户端登录进区块链网络进行个人账户的数据交换行为，这样可以大大提升此金融机构数据的完整安全性与系统稳定性。

同理，中国境内或是境外不同金融机构间的清算业务，如现有的中国人民银行清算系统、SWIFT 等，同样可以通过搭建区块链网络的形式来实现更加安全稳定的数据存储处理与系统运行模式。此时，搭建区块链网络可以在不同金融机构（如央行、商业银行）总部架设网络节点并连接在一起，避免了清算系统运行中传统的中心化的数据存储与处理模式，提升了数据存储的完整安全性与系统稳定性。除此之外，虽然中国人民银行清算系统在经过多年不断发展与升级后已经能实现快捷的跨中国境内的金融机构间的汇款转账业务，但现在的跨国际范围内的金融机构间的汇款转账业务依然还需要较长的处理时间，这其中一个重要的原因便是属于不同国家的金融机构间的数据处理系统需要对接且手续繁琐，而其根源便是不同国家的金融机构之间对彼此的数据处理系统不了解、不信任。如果能在不同国家的金融机构间搭建区块链网络，所有参与的金融机构都能充分了解且信任共同的数据处理与存储的技术方式，势必能大大提高全球金融机构间的业务来往效率。

（2）应用于融资和中间业务等"高级"金融服务。由于支付结算与清算业务是大多数金融机构提供各类型"高级"金融服务的基础，金融机构对支付结算与清算业务的现有技术投入和保障也是最重视的，因而支付结算与清算业务也很可能是金融机构最不愿意首先去尝试应用区块链技术的部分。相比之下，区块链技术很可能最先被试验并应用在更"高级"的特定金融服务中来进行此金融服务产生的相关数据的处理与储存。金融机构需要将实现此类"高级"金融服务的区块链网络必须接入的与输出的数据进行前期与后期处理，以便与此金融机构现有的支付结算与清算系统对接从而最终完成此"高级"金融服务。

虽然金融中介所能提供的"高级"金融服务是多种多样的，但其中的一些金融服务具有共同的特点或问题，使它们在应用区块链技术后可以得到整体的优化。例如，有些"高级"金融服务的参与机构众多且涉及不同类型的金融机构与非金融机构，许多数据在不同类型的机构间来往密切、频繁且非常重要，一旦数据被破坏或篡改会给许多机构带来巨大经济损失。因此，当前金融中介提供的各类"高级"金融服务中经常关注的问题就包括每个参与的机构在接收其他机构传来的重要数据后需要反复验证，用各种方式尽最大可能确保数据真实有效之后才可以针对数据进行相应处理并返回或传递给始发机构或其他机构。其根本原因也是不同机构对数据处理的方式不同且机构间数据传输通道技术不统一，互相很难彻底了解和完全信任。这无疑会大大降低此类"高级"金融服务的效率，有很多时间会被浪费在机构间的各种手续协调上，而对这些"高级"金融服务应用区块链技术便可以使情况大为改观。目前，在数字货币、支付清算、数字票据、权益证明、银行征信领域的区块链技术还处于早期阶段，各种技术方案、应用场景和商业模式仍需进一步的探索。

二、区块链技术在P2P网贷平台中具体应用的探讨

从现有的理论与实践来看，成熟可行的区块链类金融产品与创新尚未得见。因此，以P2P产品为切入点探讨区块链技术的可行模式与实践难点，具有较强的现实性和前瞻性。

（一）P2P网贷平台的健康发展需要区块链技术的支撑

P2P网贷（Peer – to – Peer Lending），即点对点信贷或者"人人贷"，是指借贷双方在网络信贷平台上自由竞价、撮合成交，借入方还本付息、借出方收息担险、中介收取服务费。

1. P2P网贷平台规模快速增长，社会经济效益明显

互联网金融P2P的本质在于通过信息技术实现资金的非中介化，即"金融脱媒"——资金融通绕过传统的金融机构，直接在供需双方之间进行匹配。这一方面满足了个人资本持有者的理财需求，解决了公众日益强烈的理财需求与相对狭窄的投资渠道供给间的矛盾；另一方面满足了小微企业的融资需求，解决了小微企业旺盛的融资需求与相对稀缺的信贷市场供给间的矛盾。P2P网络借贷行业的兴起在满足小微企业以及弱势群体资金需求、提升金融资源的配置效率、引导民间借贷走向规范化等方面起到重要作用。

在我国，"拍拍贷"于2007年首次将P2P这个新型的互联网金融模式引入国内市场。在"互联网＋"和经济社会金融需求不断增长的背景下，P2P网贷发展迅速。根据"网贷之家"网站数据，从2012年末到2016年2月，全国网络借贷平台从200家增长至2519家，增长了约12倍；从交易量方面来看，截止到2016年2月，网贷行业历史累计成交量达到了6086.24亿元，增长迅猛。

2. 风险高发态势制约进一步发展

互联网技术的发展和资金供求的错配为P2P网络借贷的兴起提供了客观条件和现实需求，但随着平台数量爆发式的增长，平台跑路、倒闭、欺诈等现象层出不穷，给出借人的资金安全带来了极其恶劣的影响。截至2016年2月，问题平台的发生率在近一年呈平稳增长态势，P2P新增平台达1804家，出现跑路、提现困难、停业等问题的平台数量达931家，问题平台的增量超过新增平台量的50%。道德风险成为P2P风险的突出痛点，行业要求加强风险监管的呼声越来越强烈。

无论是传统信贷项目，还是新兴 P2P 信贷产品，发生坏账和无法清偿的风险都是客观存在的。一方面，这种风险可能来自政治、经济环境变化的系统性风险因素，也有可能来自市场需求转向、项目运营不善等经济原因，可以更多地通过担保、提取风险损失准备金等手段进行风险的抵偿；但另一方面，由于行为主体追求利益最大化的本能驱动和信息不对称现象的客观存在，即使互联网金融模式在信息归集和审查中有一定优势，也无法避免借款人与借款平台道德问题的频发，这样的道德风险在 P2P 平台中尤为突出。

一是借款人存在道德风险。部分借款人通过伪造身份信息、信用卡账单和劳动合同等信息方式，躲过 P2P 平台在借款人信用、资产和收入情况等方面的层层审核，使用虚假身份信息骗取贷款，或者恶意拖延或拒绝还款，还有借款人违规使用贷款资金后无力还款。虽然绝大多数 P2P 平台要求借款人保证资金不用于高风险投资等用途，但是规避不了借款人的投机心理带来的高风险。

二是 P2P 网贷平台机构存在的道德风险。第一，纯诈骗 P2P 平台开设虚假网站骗取投资人的资金，其没有真实的接单业务，甚至没有实际的固定营业场所，存续的时间也非常短。这类纯诈骗平台主要有信息造假、上线时间短、承诺极高收益率等特征。第二，P2P 平台违规建立资金池后，通过线上将资金出借和投资高风险品，甚至挪用，最后自身难以维持经营，平台跑路。最后期的投资者成为最大的受害者。

3. P2P 的风险管理措施成效有待增强

虽然 P2P 业务受到了社会各界的广泛关注，外部监管、第三方担保、托管和行业自律等风险管控手段相继得到应用，但实际效果仍有待观察。

一是市场准入门槛低，监管力度有限。P2P 网贷平台借贷中介的性质特殊，但设立条件与一般的工商企业并无不同，工商行政管理部门对其进行的市场准入审核远远不及对一般金融机构的审核严格。同时，作为资金的融通平台，其并不需要缴纳一定量的保证金，以确保资金借出者的交易安全，从而造成 P2P 平台良莠不齐、鱼目混珠的业态现状。尽管近期出台的《关于促进互联网金融健康发展的指导意见》明确了 P2P 平台的信息中介性质和监管机构，但考虑到 P2P 机构的分散性和快速增长性，对其业务是否涉及资金池以及自融问题，监管机构缺乏足够的人力、物力进行现场、非现场检查。

二是第三方托管和担保力度不足。虽然现在越来越多的平台建立了第三方资金存管机制，但是，问题平台的数量还是在不断增加，主要是因为网络支付作为第三方资金托管存在很大的缺陷，表现在第三方网络支付并不会对平台的标的进行追踪审查，因此平台就有可能会通过发布虚假借款信息，为自己进行融资，资金都进入了平台建立的资金池。商业银行在第三方托管过程中管控力度有限，往往还会被动承担隐性担保风险，所以积极性不足。有 P2P 平台机构曾尝试与保险公司合作开展信用担保业务，但业务进展整体缓慢，究其根本原因，仍在于保险公司对于平台的资金使用信息把握不足，难以准确衡量风险和进行风险定价。

三是行业自律约束力度薄弱。考虑到 P2P 公司的不稳定性和快进快出的特点，行业自律组织难以对大多数 P2P 机构进行约束，"高利率、高风险"机构抢占市场的劣币驱逐良币现象屡见不鲜。

（二）区块链技术的合理应用可有效防范 P2P 平台道德风险

区块链技术既兼容了互联网信息发现和共享的特征，又在信息安全性、唯一性、不可灭失性方面极大地弥补了现有互联网的内生性缺陷，因此对于 P2P 平台来说，用款人和用款平台的真实性问题可以在区块链技术下得到有效解决。

1. 区块链技术在 P2P 模式应用中的理想化架构

如图 1 所示，理论上讲，区块链技术手段可以在真正意义上实现 P2P 信贷的初始理念，即个人对个人的直接信贷和完全的去中介化。这样 P2P 平台机构似乎不再具有存在价值和意义，其道德风险和欺诈风险自然也无从谈起；借款人的信贷行为和数据信息在全区块网络保存和复制，也能在最大程度上克服借款人信息失真和恶意欠债的可能性。但从实证意义上看，终极版本的实现仍存在不少难点。

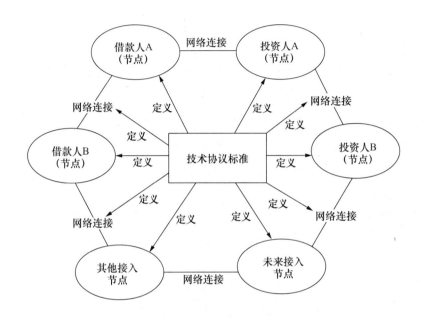

图1 区块链技术在 P2P 模式中的理想化架构

一方面，个人参与者的设备门槛较高。由于区块链技术的本质特征是节点信息的全网保存，这意味着每个参与者的计算机设备上不光存储着自己的交易信息，同时还无时无刻不在接收和存储着其他网络节点传来的交易信息。考虑到区块链网络的开源性，单个参与者的节点接入设备可能会面临无限量的数据处理与存储压力。以当前比特币的交易系统为例，其节点参与者通常是由具有很强计算能力的非家用计算机设备接入区块链网络组成，并且对电力供应、机房环境等配套设备也有相当专业的要求。因此，虽然从区块链技术的理论层面来看，网络中的节点越多网络会越稳定和安全，但如果从实际出发，P2P 网贷平台的每一个借款单位或者个人、每一个出资单位或者个人、每一个参与的金融机构都成为区块链网络中的节点，显然至少在近几年的计算机技术发展水平上是很难实现的。即便未来的技术条件可以解决节点接入设备的容量和处理水平问题，但其性价比也未必能够达到参与者满意的程度。

另一方面，区块链的技术去中介、自治的特性对现有运行机制带来了深刻冲击。监管部门对这项新技术还缺乏充分的认识和预期，法律和制度建立可能会十分滞后，导致运用区块链相关的经济活动缺乏必要的制度规范和法律保护，无形中增大了市场主体的风险。市场主体将该技术与现有制度融合具有一定难度，耗费的时间成本和人力、物力都非常大，内部遇到的阻力也不小。

2. 区块链技术在P2P网络应用中的可行化架构

一是技术协议标准既是整个区块链最底层的支撑和最关键的技术，也是区块链技术能够在实际经济金融活动中应用的基础条件。一定意义上，区块链的去中介化并不是彻底地去掉了中介，而是去掉了中介里的人为因素，改由严格的技术手段作为中介，从而避免了人为因素带来的道德风险和操作风险，以实现和保持其信用安全。技术协议标准制定得是否客观、公正、准确，将决定区块链网络是否在市场中立得住脚，能否被市场中的参与者接受。

二是区块链的节点应至少包括服务供应机构、支付清算机构和监管机构。节点机构需要具有必要的经济与技术基础以实现借贷信息、资金流转的安全畅通。具体而言有以下几点：

首先，服务供应机构承担借贷信息的交互存储。服务供应商按照协定的区块链网络各项软硬件技术标准采购设备与软件；架设区块链网络中的节点并与其他节点连接，依照协议标准进行日常操作与维护，保证本机构的节点24小时正常运转，承担区块链内交易信息的交互与存储。在此基础上，服务供应商对个体资金的供需主体开放终端接入权限，代理终端客户进行资金借贷需求的匹配和筛选，提供终端客户对交易信息的查询和反馈，同时与支付清算机构协作进行资金的划转。服务供应机构既可以由现有的P2P网贷平台机构转型承担；也可以由传统金融机构的直销银行部门承担，既可以由专门的互联网服务器提供商承担，也可以由小额贷款公司机构单纯以自营的资金提供者身份承担。

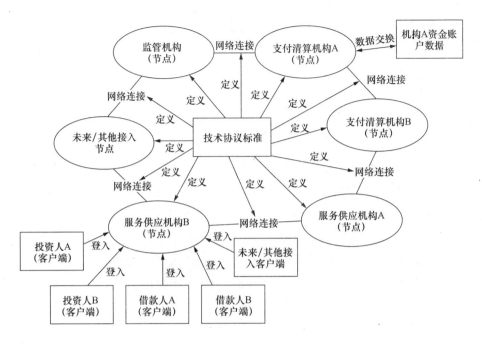

图 2　区块链技术在 P2P 网络应用中的可行化架构

其次，支付清算机构承担资金划转信息的交互存储。支付清算机构在借贷双方达成融资协议和进行还款时，将资金进行实时准确划拨。在此基础上，资金清算机构还需要对资金使用方的资金流转方向予以记录并及时上传至区块链中进行保存、反馈，从而避免资金使用者对资金的挪用和骗贷行为。

最后，金融监管机构承担必要的非现场监督功能。金融监管机构可以选择同样架设一个区块链网络节点并与其他节点相连，利用区块链网络实时自动监控网络每一笔 P2P 网络贷款的资金流向，也可以随时查看参与 P2P 网络贷款的借款与投资人信息，同时还可以通过制定的智能合约禁止 P2P 借贷活动中可能存在的设立资金池的一系列交易行为。

三是一般性投融资主体以客户终端形式接入区块链节点，委托节点服务供应商代理投融资服务。一方面，普通主体在区块链技术的操作难度和操作成本上的变化不大。他们并不需要对终端设备进行高端投资，只需要使用户客户软件接入到区块链网络，进行常规电脑操作就可以完成借款与投资行为。另一方面，接入平台的道德风险与操作风险得以避免。由于接入的服务供应商架设于整个区块链中，无法对借贷信息进行篡改和隐藏，而投资用户可以对借贷的每笔款项进行实时查询与监控，从而能够大大提升互联网中介设立资金池进行资金错配的技术难度与风险成本。

3. 采用区块链技术防范 P2P 道德风险的体现

在区块链技术下，首先，信息的对称性使得资金来源去向信息实现真正的透明化，借款人和代理机构无法挪用资金、挤占资金用途，道德风险得到有效解决。其次，信息的真实性使得出资人在信息筛选上更为安全，资金的风险溢价成本和隐性担保成本得到有效降低，使得资金定价水平更为精准高效。最后，信息获得的低成本性和准入的低门槛性，使得在加强风险监管的同时，依然能够保证投融资行为的高效进行，促进了 P2P 的快速有序发展。

三、区块链技术应用需要关注的几个问题

（一）区块链技术协议的标准问题

由上文分析可知，区块链技术协议标准是整个区块链技术的基石和运维核心，但标准由谁制定，如何制定，制定以后如何使用、推广和开发，都将影响区块链应用的具体模式。

1. 标准制定主体

一是由政府机构制定全部或者大部分的技术协议标准。政府机构没有利益诉求的干扰和左右，因此可以最大限度保证协议标准的客观、公正和透明。但政府制定标准的弊端往往在于决策流程较慢，时间较长，无法对市场上的技术需求进行量体裁衣。

二是由市场主体自发研究制定相关协议标准。例如，当前存在的R3 CEV区块链联盟组织等市场主体，其制定的标准往往具有效率高、应用灵活等特点，但也可能会基于自身利益而影响客观公正性。

2. 标准的使用是否有偿

一是可能像Linux编程语言一样完全无偿开源使用。这种情况下，基于协议标准，市场主体可以自由进行开发和创新，能够有效推动技术和金融的进步。

二是可能会进行有偿推广和使用。从技术应用的实践来看，不乏市场上的领先企业和垄断厂商在制定和推行行业技术标准后，对其他企业收取专利费、进行准去歧视等情况。这种情况下，缺少技术储备和独立研发的企业将在区块链技术应用上极为被动与弱势。

（二）区块链网络的技术处理细节和配套问题

例如，节点间交易数据的共识机制算法、节点间记账人的选择算法、节点间数据传输与节点内数据存储的加密算法、节点间的数据传输通道、节点设备的硬件技术与软件操作平台、节点与外部数据系统的接入与输出技术、用户客户端软件的操作平台、节点的日常维护标准、区块链网络中的数据存储固定格式、智能合约技术中的基础贷款业务逻辑算法、智能合约技术中的高级理财贷款业务逻辑算法等。以及区块链网络的一系列软硬件配套标准也应该有相应的认证标准，这样才能让区块链技术这个依靠计算机算法等软硬件技术的客观公正性来保证整体网络可靠安全的新兴技术至少从技术基础上得到社会上各类潜在用户的初步信任。

（三）区块链技术在服务供应商环节对现有金融从业模式带来的冲击与机遇

从区块链技术的长期趋势来看，未来金融从业主体作为资金中介和风险担保的角色作用逐步减弱，而更多地会成为专业服务的代理中介角色。例如，互联网金融中介可以转型成为帮助投资用户制定理财计划的公司。在区块链网络中投资用户可以根据不同借款用户的征信数据以及借款用户公示的理财项目、预期利润等自行选择是否参与投资。虽然在智能合约中的基础贷款业务逻辑算法的帮助下，投资用户完全可以依靠简单客户端操作自行完成 P2P 投资，但这样会使大量借款用户的时间耗费在自己查阅各类投资信息上以及没有理财投资技能的普通用户很难靠自己的判断实现投资的利润最大化与风险最小化，因此可以交由互联网金融中介利用自身的理财技能与收集的借款人的数据为每位投资用户制定最优的放贷理财方式，由用户自己操作或在用户授权下代理理财并收取用户获取利润的一定比例的佣金。

互联网金融中介的另一条转型之路是与互联网软件公司合作，将自身拥有的理财技能经验、收集的借款人数据、市场上的各种相关金融理财数据结合在一起，通过大数据技术建立模拟人工理财决策的模型，制定智能合约中的高级理财贷款业务计算逻辑，从而实现购买此"高级"智能合约的投资人用户可以完全交由区块链网络技术帮自己进行 P2P 网贷理财并尽可能实现利润的最大化与风险的最小化。值得一提的是，这些"高级"智能合约产品必须满足监管机构制定的技术标准，且由监管部门进行技术审核通过后才能进入 P2P 网络贷款平台的区块链网络，以保证区块链网络的技术安全。

四、区块链技术应用的政策建议

（一）区块链技术应用需要加强整体规划和顶层设计

只有在强大的技术标准基础上，才能更有效地推动区块链与金融活动进行连接，更加有效和深刻地改造传统金融生态，实现金融活动的信息化、平台化、智能化，这要求对区块链技术加强统筹规划和顶层设计，推动区块链的协调发展，最大限度地实现资源共享，尽可能避免因分头推动和重复投资导致的资源浪费。一方面，要加大基础设施的投入（包括宽带传输提速增效）和监管力度，另一方面，鼓励民间投资发展社会化的共享平台（包括软件和硬件，云计算和大数据等）及各种专业化的服务平台。在此基础上，可以由各个机构或个人开发和应用个性化、专业化的区块链产品和服务。

（二）区块链技术应用需要市场主体的主动参与和积极应对

一是市场主体应密切关注区块链的研究应用方向，关注区块链技术公司的研究成果。目前，国外多家金融机构已经开始研究区块链技术，部分银行还与 R3CEV、Coinbase、Ripple 等区块链或比特币技术公司合作展开区块链研究，相关的行业标准和协议也在研究制定中。国内各金融机构应该密切关注相关研究动向，密切关注各区块链技术公司在容量、时效性、安全性等应用瓶颈方面的研究成果，不断评估技术应用的成熟度。

二是各主体应加强交流合作，参与规则制定。区块链技术在国内还是一个新兴事物，相关研究刚刚起步，但区块链的特点决定了其发展离不开多家金融机构的合作。因此金融机构行应提前展开合作交流，共同研究制定区块链的行业标准，探索应用场景，以便在未来的应用中占据主动地位，在与境外机构的竞争中，统一口径，争取话语权。

三是各市场主体应积极介入技术，确定研究方向，开展内部研究和技术储备应组织研究团队加强对区块链技术细节的深入研究，研究其在各领域应用的可行性和必要性。同时要注意选取合适的应用场景，模拟建立若干区块链，测试实验创新分布式记账系统技术，进行必要的技术储备。

参考文献

［1］王永利．拥抱互联网加快中国金融创新发展［J］．国际金融，2015（7）．

［2］肖翔．中国金融论坛·互联网金融分论坛2016年第一期"P2P网络借贷风险防范与区块链技术发展"研讨会综述［J］．金融会计，2016（2）．

［3］袁勇，王飞跃．区块链技术发展现状与展望［J］．自动化学报，2016（4）．

［4］廖理．Kabbage：数据驱动的"贷款"公司［J］．清华金融评论，2014（2）．

［5］侯本旗，赵飞．金融机构银行聚众参与区块链的猜想［N］．21世纪经济报道，2015–12–16．

［6］李博，董亮．互联网金融的模式与发展［J］．中国金融，2013（10）．

［7］刘明康，梁晓钟．银行与互联网金融：不一样的风控［J］．新世纪周刊，2014（3）．

［8］杨涛，姚余栋．新经济时代的共享金融理论与实践创新［J］．浙江经济，2015．

［9］曹彤．自金融的演绎逻辑——基于区块链的延伸思考［J］．当代金融家，2016（2）．

［10］刘士余．秉承包容与创新的理念正确处理互联网金融发展与监管的关系［J］．清华金融评论，2014．

我国 P2P 发展与监管的现状、困境及建议

温桦等 *

近年来，互联网金融的发展日新月异，P2P、众筹、O2O、宝宝类理财、第三方支付、比特币等产品如雨后春笋，形式各异，创新不断。随着宏微观经济环境的变化，经过六七年的发展，与之相应的各种业务模式的发展状况也在逐渐呈现分化，一些业务模式的关注度逐渐下降，如比特币、宝宝类理财产品等，而有一些模式，如P2P则成为热议的对象。P2P平台之所以引起人们的广泛关注，一方面，它解决了部分中小微企业融资难的问题，具有普惠金融的特性，前景广阔；另一方面，平台的信用中介特性导致其资金安全问题频发，广大的中小投资者损失惨重，引起了监管部门和普通投资者的高度关注。关于P2P未来的发展，业内众说纷纭，莫衷一是。一种观点认为P2P有颠覆传统金融的可能；另一种观点认为P2P风险频发，99%的P2P平台将会关闭，两种截然相反的观点使P2P的未来更加扑朔迷离。关于P2P的监管，有的观点认为它是传统金融的有益补充，解决了金融市场上长期被忽略的小微企业以及资信程度较低的个人的资金需求，其发展符合社会最优，因而应当给它充分的发展空间；而有的观点认

* 温桦：中国人民银行营业管理部支付结算处处长。参与执笔人：盖静、李佳、王军只、王瑞。其中，盖静供职于中国人民银行营业管理部支付结算处；李佳供职于中国人民银行营业管理部宣传群工部；王军只供职于中国人民银行营业管理部会计财务处；王瑞供职于中国人民银行营业管理部办公室。

为我国的信用体系不完善，P2P 在诚信不足的社会中将会引发系统性的金融风险，应当从严监管。本文将在深入分析我国 P2P 问题频发的原因，以及国内外 P2P 发展结果截然不同的原因的基础上，探讨我国 P2P 未来的发展与监管路在何方。

一、我国 P2P 平台的发展现状

（一）平台做信息中介只是形式，信用中介才是本质

金融机构在资金融通中的作用可分为两类，一类是信息中介，另一类是信用中介。所谓信息中介是为了解决信息不对称的问题，将资金的供求双方加以匹配；而信用中介则包括期限转换、信用转换和流动性转换三大功能。期限转换是指银行可以实现借短贷长，满足长期项目的资金需求；信用转换是指储户将自己的资金借给银行之后，资金的安全并不由资金的直接使用者也就是贷款人的资信状况来决定，而是取决于银行的兜底能力，由借款人的信用状况转换为银行的信誉；流动性转换是指储户可以随时取用资金，不受实际贷款项目时间的影响。

2015 年 7 月发布的《关于促进互联网金融发展的指导意见》（以下简称《指导意见》）指出，"个体网络借贷机构要明确信息中介性质，主要为借贷双方的直接借贷提供信息服务，不得提供增信服务，不得非法集资"，明确了 P2P 平台的信息中介性质。2015 年 12 月，银监会会同工信部、公安部、网络办起草了《网络借贷信息中介机构业务活动管理暂行办法（征求意见稿）》（以下简称《征求意见稿》），继续强调个体网络借贷的信息中介性质，且指出平台不得承诺保本保息等行为。可以说，无论是《指导意见》还是《征求意见稿》中监管

当局都明确界定了平台的信息中介性质。然而现实情况是各类平台出于求生存、谋发展的需要，通过风险准备金的形式变相地向投资者提供担保、通过拆标的形式变相地实现期限错配，而这些都是在变相地进行信用转换和期限转换，实际上执行的是信用中介的功能。

（二） 市场准入门槛低，平台质量差异明显

自 2007 年国内第一家网贷平台——拍拍贷成立至今，P2P 平台一直没有统一的行业准入门槛，一些没有金融资质和经验的机构纷纷加入 P2P 网贷行业，乃至一些不法分子打着 P2P 的幌子进行非法集资、诈骗，市场上平台质量良莠不齐，鱼龙混杂。2013 年之前，我国 P2P 平台数量不足 200 家，截止到 2015 年底，平台数量达到 3858 家，截止到 2016 年 6 月，平台数量达到 4127 家①。随之而来的是问题平台的数量呈现爆炸式增长，截止到 2016 年 6 月，问题平台累计达到 1778 家，而 2013 年及以前问题平台数量仅为 79 家。②

（三） 缺乏资本金限制，杠杆率畸高

目前，关于 P2P 平台的准入方面没有最低资本金的限制，因而几百万元的注册资本就可以撬动数以百亿级的成交额，截止到 2016 年 5 月底，P2P 平台的历史累计成交量已经达到 2 万亿元，其一旦发生兑付风险，后果不容小觑。据网贷帮手统计显示，平台杠杆在 10 倍以内的平台数量占所有统计数量的 60%；平台杠杆在 10～20 倍的数量占 20%；平台杠杆在 20 倍以上甚至上百倍的占 20%。据网贷之家公开数据显示，翼龙贷机制到 2015 年 6 月 11 日，累计待还金额超过 46 亿元，而注册资本仅为 100 万元；红岭创投待还金额超过 100 亿元，杠杆率超过 200 倍；爱投资待还金额约 36 亿元，杠杆率约为 700 倍。无论一个平台声称其风控能力有多高，如果其杠杆率不能控制在一个

---

①② 资料来源：网贷之家，www. wdzj. com。

合理的水平，而一味地扩大规模，其所谓的风控水平只是一句空话。

（四）体量增长过快暗藏风险

自 2014 年以来，我国 P2P 平台呈现野蛮生长态势，2014 年累计成交额为 2528.17 亿元，2015 年全年累计成交额为 9823.05 亿元，2016 年前 6 个月累计成交 8422.85 亿元，每年业务规模的同比增长率高达 300%（见表 1），其体量增长迅猛。

表 1　2014~2016 年 6 月 P2P 行业业务量及其增长率

单位：亿元，%

时间	金额	时间	金额	同比增长	时间	金额	同比增长
2014 – 01	117.68	2015 – 01	357.82	204.06	2016 – 01	1303.94	264.41
2014 – 02	105.44	2015 – 02	335.14	217.85	2016 – 02	1130.09	237.20
2014 – 03	140.25	2015 – 03	492.6	251.23	2016 – 03	1364.03	176.90
2014 – 04	148.92	2015 – 04	551.46	270.31	2016 – 04	1430.91	159.48
2014 – 05	162.78	2015 – 05	609.62	274.51	2016 – 05	1480.17	142.80
2014 – 06	171.53	2015 – 06	659.56	284.52	2016 – 06	1713.71	159.83
2014 – 07	216.73	2015 – 07	825.09	280.70	2016 – 07	1829.73	121.80
2014 – 08	250.14	2015 – 08	974.63	289.63	2016 – 08	1910.3	96.0
2014 – 09	262.33	2015 – 09	1151.92	339.11			
2014 – 10	268.36	2015 – 10	1196.49	345.85			
2014 – 11	313.24	2015 – 11	1331.24	324.99			
2014 – 12	370.77	2015 – 12	1337.48	260.73			
全年	2528.17	全年	9823.05	288.54			

资料来源：根据网贷之家数据整理。

（五）问题平台社会影响范围广

自 2014 年起，我国 P2P 问题平台数量骤增，其中 2014 年新增问题平台 253 家，2015 年新增问题平台 747 家，仅 2016 年前五个月就

新增问题平台 260 家。问题平台涉案金额巨大，2015 年 12 月 8 日，e
租宝因为非法集资被查，公安机关经过初步查证，e 租宝涉案资金规
模达到 500 多亿元。泛亚集团涉及 22 万投资人共 430 亿元资金，大
大集团发现问题时存在资金漏洞 40 亿元，问题平台涉案金额在一亿
元以上的比比皆是。2016 年已经宣判的 12 家问题平台（见表 2）通
常运行的时间较短，而运行时间越长的平台一旦出现问题造成的影响
越大，如中宝投资等，都是行业内的大平台，这些平台的运营时间较
长，且拥有良好的信誉，出现问题时波及范围更大。

表 2　已经宣判的 12 家问题平台基本情况汇总

平台名称	运营周期	运行时间（月）	涉案金额	暴露原因	犯罪事实
中宝投资	2011.2～2014.3	37	4.7 亿元	经侦介入调查	集资诈骗罪
淘金贷	2012.6.3～2012.6.8	<1	87 万元	投资者举报资金被第三方支付平台环迅支付限制交易，无法取现	合同诈骗罪
优易网	2012.8～2012.12	4	1524 万元	融资资金亏损后跑路	集资诈骗罪
徽州贷	2013.2～2013.6	4	4467 万元	资金链断裂，提现困难	非法吸收公众存款罪
网富天下	2013.3～2013.8	5	1.67 亿元	发布虚假借款信息，自融自保，资金链断裂后无法提现	集资诈骗罪
天力贷	2013.4～2013.9	5	5000 万元	自融、借款人逾期导致投资人无法取现	非法吸收公众存款罪
家家贷	2013.7～2013.10	3	8000 万元	为关联企业融资，后出现兑付危机	集资诈骗罪
铜都贷	2013.5～2013.11	6	9897 万元	多名借款人出现逾期还款，平台资金链断裂，无法取现	非法吸收公众存款罪
乐网贷	2013.5～2013.10	5	1988 万元	发布虚假借款标的，后资金链断裂，老板跑路	非法吸收公众存款罪
东方创投	2013.6～2013.10	4	5250 万元	投资人挤兑，导致资金链断裂无法取现，老板自首	非法吸收公众存款罪

续表

平台名称	运营周期	运行时间（月）	涉案金额	暴露原因	犯罪事实
德高财富	2013.8~2014.1	5	1358万元	将非法集资用于个人经营投资，后资金链断裂，无法取现	非法吸收公众存款罪
雨滴财富	2013.9~2014.11	15	1000万元	将非法吸收资金用于偿还债务和个人挥霍后无法取现	集资诈骗罪

资料来源：融360网站。

二、我国 P2P 的主要发展模式

我国 P2P 发展至今，业务模式不断创新，按照线上线下可以分为纯线上模式和线上线下相结合的模式，按照直接或间接承担担保功能又可以分为有担保模式和无担保模式。下面就国内主要的 P2P 运作模式予以阐释。

（一）无担保纯线上信息中介模式

这种模式跟国外的 P2P 模式非常类似，主要发挥的是信息中介的作用，并不直接接触平台的资金，其运作模式如下（见图 1）：借款人在网站上发布自己的借款需求，平台根据借款人提供的相关资料，对其进行信用等级的评价，投资者在网站上可以看到众多借款人发布的借款信息，并根据网站上对各个借款人的信用评价做出是否借款的决定，如果众多的投资人决定向某一个借款人提供借款，他们将参与贷款利率的竞标，利率更低者将获得向借款人提供资金的投资机会。反之，如果愿意出借的投资者提供的资金金额小于借款人所需要的资金，那么该笔交易失败。P2P 平台仅提供信息发布、信用评估和撮合交易的服务，并不参与双方的直接交易。

国内首家 P2P 小额无担保网络借贷平台拍拍贷即是这种模式。它通过三种方式控制信贷风险，一是将客户定位为网商，并通过与慧聪、敦煌、淘宝等电商平台合作，从这些平台中导入客户，借助电商平台除了可以审查借款人的申请资料之外，还可以从电商平台获得借款者的诚信记录；二是将网络社区、用户网商朋友圈作为其信用等级系统的重要组成部分，其网站好友越多、会员好友越多、个人贷款次数越高，信用等级越高；三是通过采集的信息进行整合分析，将借款人分为七个不同的信用级别，不同的信用级别审核的严苛程度不同。在信用评级上，拍拍贷根据线上得分和线下得分，将借款人的等级由高至低分为七级：AA、A、B、C、D、E、HR。线上得分的评分体系如表 3 所示。

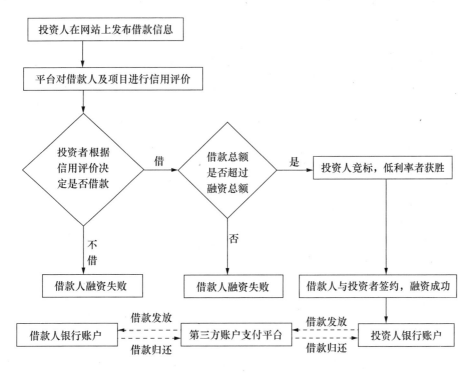

图 1 纯线上信息中介模式的 P2P 运作流程

注：──▶代表决策流，----▶代表资金流。

表 3 拍拍贷线上评分体系

项目	身份认证	手机实名认证	视频认证	学历认证	资信报告认证	认证年限	按时还款（15天以内）	逾期还款（15～60天）	逾期还款（2～4个月）	逾期还款（超过4个月）	资料评估	其他
得分	10	10	10	5	视情况	5	每次1分	−2	−5	−10	视情况	视情况

（二）线上线下相结合的信用中介模式

这种模式与纯信用中介的根本区别在于，平台实质接触资金。该模式在国内以宜信为代表。它采用的是"线下债权转让"的模式，其具体运作过程如下：为了规避法律不允许非金融机构发放贷款的规定，宜信法人代表唐宁以个人名义将资金出借给借款人，形成一笔债权，之后将该笔债权进行期限和金额两个层面的拆分，再将这些拆分后的小额债权通过线上和线下的销售团队销售给有小额闲散资金的投资者。这样做的风险是很难做到投资人和借款人的期限完全匹配，期限错配风险增大，而且因为投资人和借款人并非一一对应，这种模式不可避免地会产生资金池。从图 2 中可以看出，这种模式与传统的银行模式在资金的流转和运作上没有任何区别。宜信主要通过提取风险备用金的形式来进行逾期赔付。在每一笔借款成交时，它都会从中提取一定比例的金额放入在银行开立的风险备用金账户，当借款人出现逾期时，可以启用风险备用金对出借人进行赔付。

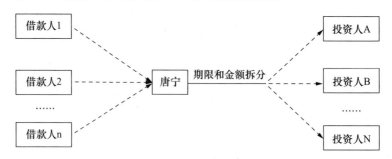

图 2 充当信用中介的线上线下相结合模式

注：------▶代表债权的形成和转移过程。

宜信经过 9 年的发展已经成为一个庞大的信贷帝国，其已经在 100 多个城市、20 多个农村建立起强大的全国协同服务网络，并赢得了摩根士丹利、凯鹏华盈、IDG 三家创投的战略合作，2015 年 12 月 28 日，宜信旗下的宜人贷在美国纽交所上市。如果按照促成的借贷规模来看，宜信已经成为全球最大的 P2P 平台，其员工超过 3 万人，服务对象数百万①。

（三） 有担保的线上线下相结合模式

这种模式因为提供担保而不同于信息中介，因为不形成资金池而不同于宜贷网的模式，在国内以有利网为代表。其具体的运作模式如下：平台通过线下与优质的小额贷款公司合作来寻找可靠的借款项目，小额贷款公司需要对推荐项目进行风险审核和连带责任担保，并将项目发布在平台上，进而实现与线上理财客户的对接。有利网对小额贷款机构推荐的项目利用 FICO② 评分体系对借款人进行信用评级，也就是二次审核，来进一步降低投资项目的风险。有利网还具有优质的合作伙伴、自主研发的安全平台、资金账户物理隔离的安全保障、个人信息的高级加密保障等，其上线一年多时间，累计交易额突破 10 亿元，上线 9 个月获得了软银中国资本融资规模 1000 万美元。

（四） 有担保的纯线上模式 （陆金所模式）

陆金所全称为上海陆家嘴国际金融资产交易市场股份有限公司，是中国平安集团旗下的一家互联网金融公司，其产品都可以在二级市场上交易，陆金所所有操作均在网上进行。陆金所通过如下几种手段来进行风险控制：一是不做期限错配和以短贷长，实行理财产品和借

---

① 参见胡世良. 互联网金融模式与创新 ［M］. 北京：人民邮电出版社，2015：82 – 83.
② FICO 评分体系是世界大部分征信部门衡量消费信贷风险的标准尺度，在中国，FICO 评分服务于人民银行及十余家商业银行。

款一对一交易；二是引入第三方融资担保，对本金和预期收益进行担保；三是设立投资者门槛，并根据投资者的投资目的、财务状况和风险承受能力进行分类和区隔，并向投资者做好项目风险披露。

与之前宜贷网的模式不同，陆金所实行投资与理财产品完全一对一对应，并引入平安集团旗下的担保公司——平安融资担保（天津）有限公司为投融资进行担保，借贷双方直接签订电子协议，陆金所不赚取中间息差。担保要收取担保费用，担保的范围包括本金、利息和逾期罚息。担保费用的比例根据借款人的资信状况而定，信用审核和担保业务在线下进行。

陆金所的信用审核流程如下：陆金所的客服人员首先对资金信用卡的使用情况，放贷以及工作、居住情况和资金使用用途进行详细了解，然后根据以上情况进行评估，并告知借款人要前往最近网点进行信用核定。陆金所和担保公司从平安银行引入手心模型，任何从陆金所借款的个人或企业都要通过该模型的审核，目前审核通过率为40%。通过接入人民银行的征信系统，陆金所和担保公司均可以掌握借款人的信用状况。

三、国内外 P2P 平台发展结果不同的原因

（一）国内外 P2P 平台运作模式截然不同

国内外 P2P 平台一个最大的区别在于国外的 P2P 平台是信息中介，而国内的 P2P 平台多为信用中介。2005 年成立于英国的 ZOPA 是世界上最早的 P2P 网络借贷平台，该平台仅提供信息发布、信用评估和撮合交易的服务，并不直接参与双方的交易，只从中收取少量的中介服务费，资本在借贷双方之间直接流动，不再通过平台进行汇总和重新分配。成立于美国的 Lending Club 也属于这种模式。

我国由于信用环境不健全，平台无法对借款人及其项目进行信用评级，仅依靠网上发布的关于借款项目只言片语的信息难以对借款人和项目进行风险定价，为了吸引投资者，国内通常的做法就是通过平台自身设计理财产品，通过将理财产品出售给投资者来募集资金，然后将募集的资金再投向借款人的借款项目。国内 P2P 特有的运作模式导致平台很难独立于借贷之外，由于其可以直接接触资金，导致国内问题平台圈钱跑路问题频发；由于拆标导致的期限错配引发平台到期无法兑付而造成平台倒闭。

（二） 国内外的信用环境不同

我国并没有完整的信用评价体系，银行体系中建立起来的诸如信用卡逾期信息、个人贷款逾期信息等粗略的信用评价信息，不仅考核范围非常窄，而且该信息只在银行系统内公开，并不对社会公开。我国的信用档案粗陋、封闭导致个人信用资料对于当前的信用评价很难发挥有效作用。因而，由于信用信息缺乏，在我国 P2P 平台如果仅仅是做信息中介，很难生存，即使现在在国内纯粹做信息中介的机构，也是通过线上与线下相结合的模式，而且其主要业务在于线下。P2P 平台通过在线下联系小额贷款公司，召集大量的线下业务人员，对借款人的资信状况进行现场摸底。国外的情况则完全不同，长期以来，西方国家已经形成了一整套完整的个人信用评价体系，即使是诸如考试作弊、坐车逃票等不讲信用的行为也会被计入个人的信用评价体系，P2P 平台可以方便地捕捉到借款人的信用信息，并运用先进的评级方法对借款人的信用状况进行评级，进而为投资人提供信息服务。

（三） 发展的背景不同

国外的 P2P 平台成立于国际金融危机爆发之时，从资金的供给方来说，出于当时刺激经济的需要，美国连续进行了四轮量化宽松的货币政策，这导致市场上的银行利率水平几乎为零，而相比之下，P2P

平台的贷款利率接近于 5.6% ~ 35.8%，违约率为 1.5% ~ 10%，收益率之间的巨大差异导致投资者纷纷将资金投入到 P2P 平台。从资金的需求方来说，当时金融危机导致银行惜贷，不仅信誉不好的或者没有抵押资产的企业和个人无法从银行中获取贷款，就连很多的大公司也很难从银行获得信贷支持，正是在这样的背景下，P2P 平台应运而生。在美国，P2P 平台交易量以年均增长率 100% 的速度增长，其中 Lending Club 凭借发放贷款超过 30 亿美元、支付利息接近 3 亿美元而成为美国最大的 P2P 平台。截止到 2013 年，Prosper 也已经拥有 190 万注册会员，累计发放贷款超过 6.5 亿美元。

我国 P2P 平台产生的背景是我国长期存在的金融压抑[①]，一方面，存款利率长期非市场化定价，而是由央行控制，银行长期以低于市场均衡水平的利率吸收存款；另一方面，我国大量国有企业的存在，让银行将视线集中在服务风险较低、收益率较高的大中型企业上，小微企业面临融资难、融资贵的问题。2013 年我国第一支货币市场基金余额宝的诞生，迅速将公众的存款吸引到货币市场基金中，余额宝也一跃成为全球第四大货币市场基金。人们在高收益的吸引下，开始寻找更多的高收益产品，小微企业也开始寻求资金渠道，P2P 平台应运而生。伴随着近年来我国适度宽松的货币政策的执行，银行理财产品收益率长期低位徘徊，理财的门槛更高，相比而言，P2P 不仅门槛低而且收益高，受到投资者的青睐。

（四）盈利模式不同

信息中介和信用中介不同的运作模式，决定了国内外盈利模式的

---

① 金融压抑最早是由麦金农·肖提出来的，是指市场机制作用没有得到充分发挥的发展中国家所存在的金融管制过多、利率限制、信贷配额以及金融资产单调等现象。在利率限制方面，限制利率使其低于市场均衡水平，同时又未能有效控制通货膨胀（有时采用扩张性财政政策，人为制造通货膨胀），使实际利率变为负数。于是一方面，政府无法充分利用动员社会资金；另一方面，过低的贷款利率或负利率刺激了对有限资金的需求，政府依靠配给造成了资金使用的低效率。

差异。Lending Club 的收入主要依赖于向借贷双方收取少量的信息中介费用，每笔交易成功后，会从借款人处收取 1.11% ~ 5% 不等比例的费用，具体要视贷款的等级和期限而定；从贷款人处则收取借款人偿还总额的 1% 作为服务费；此外，如果借款人的借款没有取得成功，则需要向 Lending Club 支付 15 美元的费用，如果借款人没有偿还借款滞后 15 天以上，需要向 Lending Club 支付滞纳金。

国内 P2P 平台的盈利模式主要是赚取息差，收取借贷成交服务费的占比较少，而且执行的是单向收费，即只向借款人收取。像陆金所则完全是在投资者和借款人之间牵线搭桥，且每笔交易借款人与投资人是一一对应的，不收取服务费，是完全的"烧钱"平台。从目前来看，国内的平台几乎全都在亏损运行，它们寄希望通过做大规模拿到融资后实现平台的持续发展，因而存在可持续经营的风险。

四、国内 P2P 平台发展的"瓶颈"分析

国内 P2P 平台发展受限的根本原因是国内的诚信体系缺失，缺乏有效的失信惩戒机制，导致失信成本低廉。一方面，借款人认为借款不还的成本低廉；另一方面，一些不法分子堂而皇之地打着 P2P 公司的幌子行诈骗之实，圈完钱即跑路，严重扰乱行业秩序。其直接原因，一是国内的投资者风险意识淡薄，长期习惯于"兜底"思维，没有打破刚性兑付的思维定式，认为只要出现问题，监管当局一定不会袖手旁观，因而低估风险；二是国内信用评级渠道缺乏，无法对借款人的信用等级做出客观准确的评价，目前 P2P 主要的市场是小微企业或者个人，而这部分企业和个人在我国的征信体系中的数据并不完善，我国现在的信用数据主要来自于银行体系，而这部分征信数据并不对企业和个人开放，因而投资人无法查到企业和个人的征信信息，无法评估其信用状况；三是信息披露不充分，投资者无法利用现有信息对项目的风险进行正确的市场化定价。

在国外作为信息中介发展得很好的 P2P 平台，在国内却因为信用缺乏、信息披露不充分导致投资人无法对项目和投资者的风险做出准确的判断，因而无法进行风险的定价。在这种情况下，P2P 作为完全的信息中介在我国无法发展，平台只能通过自身的信用来为投资人进行担保，而这必定偏离信息中介的职能，而承担起信用中介的职能。

五、国内 P2P 平台的监管现状

2007 年 8 月，国内首家的 P2P 平台——拍拍贷在上海成立，揭开了中国 P2P 发展的篇章。经过近 10 年的发展，国内监管层对它的态度也经历了从促进互联网金融健康发展，到鼓励互联网金融依托实体经济规范有序发展，再到规范发展互联网金融几个阶段。2016 年被业界称为是互联网金融的监管元年，国务院组织十四部委联合开展互联网专项整治活动，旨在整治互联网金融市场乱象。监管层对 P2P 平台的态度以及监管方式变化的主要原因是近几年平台问题频发，层出不穷的创新方式引发了监管层对于系统性金融风险的担忧。P2P 的信用中介模式使平台很容易滑向非法集资的怀抱，并将风险传染到整个金融体系，引发系统性的金融风险。从时间维度上来看，对 P2P 的监管经历了如下几个阶段：

（一）无监管的真空地带（2007～2014 年）

2013～2014 年被业界称为互联网金融野蛮增长的阶段。在这段时间里，人们看到的多是互联网金融的广阔前景，专家学者以及政策当局也意识到互联网金融的风险，但是并没有相关的监管政策法规的出台，多就监管的必要性以及如何监管进行探讨，对互联网金融发展的理论基础、广阔前景进行预测，这也为互联网金融的发展提供了非常宽松的政策环境。而且在这个阶段对于 P2P 行业而言，问题平台的数量并不多，在 2013 年之前问题平台仅为 79 家，且并没有出现大规模的风险事件，人们将 P2P 看成了一个新生事物，并对它的广阔前景充满信心。

（二）首部监管互联网金融发展的指导意见出台（2015～2016 年）

随着互联网金融的野蛮增长，其风险逐渐显现。2015 年 7 月，人民银行等十部委联合下发了《关于促进互联网金融发展的指导意见》（以下简称《指导意见》），从此，互联网金融的发展进入了有监管的时代。《指导意见》明确了 P2P 平台的信息中介性质，明确了银监会作为 P2P 网贷平台的监管部门的身份。2015 年 12 月，为了规范网络借贷信息中介机构业务活动，促进网络借贷行业健康发展，银监会会同工信部、公安部、网络办起草了《网络借贷信息中介机构业务活动管理暂行办法（征求意见稿）》，监管意见采用"负面清单"方式，对于平台不能进行的 12 个事项做了详细规定，被业内人士称为"十二禁"，这其中包括禁止自融、禁止平台归集用户资金、禁止提供担保、禁止对项目进行期限拆分、禁止向非实名制用户宣传或推荐融资项目、禁止发放贷款、禁止发售银行理财、券商资管、基金、保险或信托产品、禁止为投资股票市场的融资、禁止从事股权和实物众筹。此外，还明确了个体的内涵，指出个体包含自然人、法人及其他组织。2015 年 12 月 31 日，经国务院批准，中国互联网金融协会准予成立。

（三）国务院组织开展互联网整治专项行动（2016 年）

2016 年 3 月，互联网金融协会召开研讨会，制定了《互联网金融信息披露规范（初稿）》，要求 P2P 网贷平台必须每日更新违约率、项目逾期率、坏账率、客户投诉情况、借款人经营状况等 21 项信息。2016 年 4 月，国务院组织 14 个部委开展互联网金融专项整治活动，其中 P2P 行业因为存在众多不合规平台，成为整治重点。

六、国内监管层对 P2P 监管的困局

（一）信用中介还是信息中介的发展定位存在两难

如果按照监管当局对于我国 P2P 的信息中介的定位，那么在我国这样的信用环境下，P2P 行业将无法生存，一方面，它们无法得到风险投资机构的投资，可持续经营会出现问题；另一方面，因为中小投资者出于风险的考虑不愿意将资金贷给一个自己无法判断项目和借款人风险状况的投资项目，平台难以做大做强。因而，平台会自发地向增信业务发展，而这恰恰是《指导意见》所不允许的。因而，P2P 平台在我国现有的情况下，处于合规则无法生存，要想生存则会触碰监管红线的两难境地。监管部门监管的初衷是希望一个行业能够规范有序地发展，并非为了消灭风险而将行业逼上绝路，因而如何监管也面临两难。

（二）发展定位的两难决定了监管手段的两难

对于我国的监管当局来说，并非没有手段可用。实际上我国积累了对银行业及非银行业金融机构丰富的监管经验，从监管方式上来说，无非是事前监督、事中控制和事后风险处置。事前监督的方式有两种，一种是发放牌照，即监管当局通过设立行政许可的方式，将好的平台纳入监管，通过行政手段让不合规的平台逐渐退出市场；另一种是底线管理，也就是监管当局设定一个最低门槛，只有高过该门槛的机构可以进入市场，但是进入市场的机构需要按照要求做好信息披露等，未达到的将要受到行政处罚。毫无疑问，按照 Morrison 和 White（2005）的观点，在监管当局能够正确甄别平台好坏的情况下，第一种情况是最优的。现在监管的困难在于，对 P2P 平台性质的界定难以

抉择，到底应当让平台做纯粹的信息中介，还是应当让其做信用中介，还是应当允许其两种性质并存。实际上，如果平台真正承担了信用中介的职能，那么它们跟传统的银行业就没有任何的区别，而按照传统的银行业的监管方式对 P2P 进行监管，是否会出现"一管就死"的局面，而且 P2P 平台无论在资金实力、人员素质、风险管控能力等各方面与银行业金融机构相比均不可同日而语。

七、未来 P2P 的发展方向

（一）P2P 平台无法颠覆传统金融

有人担忧 P2P 平台利用大数据等先进的手段识别客户风险，实现了普惠金融，随着平台的数量越来越多，有颠覆传统金融的可能。实际上这种担忧是完全没有必要的，传统银行业金融机构经过了几百年的发展历史，无论在资金实力、人员素质还是风险管控能力等各个方面都不是任何一个 P2P 平台所能媲美的，如果平台要开展传统银行业开展的业务，那么就需要取得相应的行政许可并接受相关监管部门的监督，而形式灵活、监管环境宽松正是 P2P 平台的核心竞争力，如果失去了核心竞争力，P2P 平台也只能走向灭亡。从资金规模上看，即使是曾一跃成为全球第四大货币基金的余额宝，在规模最大的 2013 年，其资金规模也只有 1853 亿元，而同期我国居民储蓄余额突破 46 万亿元，同期余额宝的资金规模仅相当于总储蓄规模的 0.4%，P2P 平台从体量上来说并不具备与银行抗衡的能力。

（二）平台有其自身的价值和生存空间

P2P 平台通过填补市场空白，形成了对传统金融机构的有益补充，在满足小微企业融资难问题方面有其生存的价值和空间，这一市场银行并非没有发现，而是由于受其成本约束而主动放弃了，因而平台发展这一市场有其内在的现实需求，二八定律和长尾理论①为平台的存在提供了理论基础。

（三）行业洗牌将不可避免，完全竞争将向垄断竞争格局迈进

任何一个行业在发展之初都是百花齐放，然而随着进入行业的企业数量越来越多，竞争的白热化自然会起到优胜劣汰的作用。P2P平台经过多年的野蛮增长，数量从2013年不足200家发展到2015年接近4000家，市场的同质化非常严重，而随着监管当局监管力度的加大以及市场竞争的白热化，劣质平台将逐渐退出市场舞台，优质平台则在抢滩布局，未来优质平台将会做大做强，运营会进一步规范，垄断竞争格局将逐渐形成。

（四）平台未来发展的核心点在于找准市场定位

P2P平台之所以能够迅速发展，就在于它解决了传统银行业金融机构没有解决的问题。传统银行业金融机构出于风控需要以及成本约束，给P2P平台留下了三大利润空间：一是长尾客户，即众多信用状况不佳或者缺乏足够抵押品的小微企业及个人、普通储户这些长期银行不屑于关注的客户；二是效率低下，出于风险控制的需要，银行每笔贷款的审核需要经过的环节更多、时间更长，难以满足中小企业"短、小、频、急"的融资需求；三是银行创新能力不足，产品设计难以满足多样化需求。为此，平台应当通过深耕客户需求，通过资

---

① 二八定律是指传统商业认为企业界80%的业绩来源于20%的产品；长尾理论认为只要产品的存储和流通的渠道足够大，需求不旺的产品的市场份额可以和少数热销产品的市场份额相匹敌甚至更大，即众多小市场汇聚成河可以与主流市场相匹敌。

产、负债两端的产品设计来满足长尾部分投资人和借款者的需求，做大市场份额，打造自身的核心竞争力。P2P 平台可以从客户资金需求的期限、效率、使用限制、保证方式等方面进行创新，满足客户的差异化要求，寻求自己的生存空间。麦肯锡认为，实力较强的互联网金融机构或成为细分市场的深耕者，或成为生态圈的营造者①，或成为专业的规模提供商。

（五）大数据共享机制将成为制约其发展的软肋

按照监管当局的构想，P2P 平台应当朝着信息中介的方向发展，目前十四部委联合开展的专项整治活动，也将平台是否充当信息中介的角色作为专项整治的重要内容。然而，在我国信用体系的建立并非朝夕解决之事，在此之前，如果没有大数据共享机制，将无法解决借款人和项目风险定价的问题，信息中介也只能是一纸空文，平台完全依赖线下模式不仅成本高昂，而且风险投资对行业前景持观望态度，短期不会贸然投资，这将给平台的可持续运营带来极大风险。

八、对未来监管方向的建议

P2P 平台的风险主要体现在两个方面，一个是平台自身运营的风险，另外一个是资金的风险。平台自身运营的风险体现在三个方面：一是平台负责人的信用风险，平台设立的初衷是否是非法集资或者自融；二是平台的风控能力，主要体现在平台存在拆标及期限错配等容易引发风险的做法，是否有足够有效的风控手段；三是平台能否找准

---

① 生态圈营造者是以客户为中心，通过迅速拥抱互联网/数字技术、拓展业务领域，满足消费者日益多元化的需求，通过多样的合作和伙伴关系构建更为完整的互联网生态圈，并成为生态圈的营造者。

利润增长点，实现自身的良性发展。平台的资金风险，主要是资金池的问题，尽管监管部门三令五申不得设立资金池，但是在利益的诱惑下，不少平台还是会铤而走险或者变相设立资金池。

（一）设定监管基础框架，鼓励市场创新

"智慧在民间"，对于P2P平台的发展，我们应当采取开放、包容的态度，互联网金融过去几年的野蛮增长充分证明了两点：一是离开了监管，互联网金融难以实现良性发展；二是适度宽松的监管环境有利于互联网金融创新。因而，监管的方向应当是框架性的监管，守住核心的风险点，在此基础上保护好市场创新。

（二）强化资金监管，多渠道加大对平台资金的监测力度

一是应当引入第三方资金托管机制，加强托管机构对资金账户的监督监测；二是要强化信息披露，强化资金运用端的信息透明度；三是要强化贷后监督，使平台可以通过与地方性小贷公司合作等方式强化对贷款的事后监督；四是监管部门要建立定期核查机制、数据报送机制，强化对平台资金的日常监管。

（三）阶段性的监管手段逐步推进

我国P2P平台发展的核心障碍在于全民共享的征信体系的缺乏，因此在有力的失信惩戒机制建立之前，应当通过阶段性过渡的监管手段来规范平台的发展。第一阶段，一方面应通过设定行业最低准入标准，如注册资本金要求、机构投资者的出资比例及相关行业的从业年限等，将实力较强的平台纳入到行业发展中，以控制平台自身的风险；另一方面，应当强化资金使用端的信息披露，提高投资者对项目及资金使用情况的了解和跟踪程度，防范资金滥用风险。第二阶段，

在诚信机制逐步建立之后，平台应当逐渐还原信息中介的实质，相应的监管方式也不再对平台的市场准入设定刚性要求，而应着重提升平台的信息披露程度和项目的备案制管理。

（四） 功能性监管与机构监管相结合，不可偏废

功能性监管的概念最早来自美国经济学家罗伯特·默顿 1993 年发表的《功能视角下的金融体系运营与监管》。按照笔者的理解，功能性监管的含义是，按照金融业务进行的监管，只要从事同一金融业务的机构都要按照相同的监管标准来进行监管，监管当局监管的是具体业务。而对于机构监管而言，则是对一家机构从生到死全面的审慎监管，包括全程关注其风险状况及风险处置能力等。毫无疑问，对于 P2P 平台而言，经过几年的发展，其已经演变成线上模式、线下模式、线上线下相结合的模式，从业务上而言，既有少数单纯从事信息中介的机构，也有大量从事信用中介的机构，单纯的机构监管会导致监管重叠和监管真空。但是如果实行完全的功能监管，一方面，缺乏一个机构对其进行宏观和微观的审慎性监管，会导致系统性金融风险的爆发；另一方面，功能监管意味着 P2P 平台如果执行信用中介的功能，那么就需要按照与银行业金融机构相同的监管标准来进行监管，这不仅会使 P2P 平台丧失了其竞争优势，而且将直接导致 P2P 模式走向绝境，因而现在对 P2P 进行完全的功能监管还为时尚早。

（五） 有效隔离 P2P 风险向传统银行业的扩散

未来应当关注 P2P 平台通过产品创新，通过风险资产的层层打包将风险扩散到传统银行业。如果平台自行设计理财产品，并且将银行的理财产品与平台的理财产品进行层层打包，银行与 P2P 平台可以相互买卖对方的理财产品，这种模式将非常类似美国的次贷危机，容易引发系统性的金融风险。

网络借贷行业资金第三方存管制度研究

董洪福等[*]

依托互联网技术，网络借贷行业近年来凭借其便捷、高效的特点迅猛发展。由于网络借贷行业监管真空、制度约束缺乏，企业跑路、非法集资等问题频频出现。2015年7月，十部委《关于促进互联网金融健康发展的指导意见》出台，首次明确了网络借贷应选择符合条件的银行业金融机构作为资金存管机构。出于声誉风险及成本收益的考虑，银行合作意愿不强，存管制度落地进展缓慢。本文调研了多家代表性网贷平台，分析其业务运作及资金第三方存管模式，建立了监管部门、存管机构（商业银行）和网贷平台三方博弈模型，从纳什均衡的角度探讨该行业未来发展。理论研究表明，提高网贷平台的造假成本和平台违规行为的罚款是使市场达到良性发展的有效途径。

一、引言

网络借贷平台源于国外 P2P（Peer – to – Peer）概念，目前已发展

---

* 董洪福：中国人民银行营业管理部法律事务处处长。参与执笔人：肖炜、李长卿、王新宇、单方、许莹、张萍、郑珩。其中，肖炜、张萍、郑珩供职于中国人民银行营业管理部金融稳定处；李长卿、许莹供职于中国人民银行营业管理部反洗钱处；王新宇、单方供职于中国人民银行营业管理部货币信贷管理处。

为类似信托贷款或资产管理计划的业务产品。2007～2011 年，网贷行业发展相对平稳，2012 年开始进入爆炸式增长时期，截至 2016 年 6 月末，平台数量已增至 4567 家，2016 年上半年总成交额达到 8264 亿元，贷款余额达到 6088 亿元。与此同时，平台信用风险及道德风险事件频出，备受各方关注。随着 2016 年互联网金融行业整治工作启动，网贷行业进入转型期，结构调整趋势明显，呈现出新增平台发展放缓、问题加速爆发等特点。2016 年上半年，全国新增平台仅 259 家，同比下降 77.4%，创近年新低；同时，截至 2016 年 6 月末，问题平台已超过 2400 家①。

为保护投资者资金安全、防范金融市场风险、促进行业健康发展，2016 年 8 月 24 日中国银监会、工业和信息化部、公安部、国家互联网信息办公室联合发布了《网络借贷信息中介机构业务活动管理暂行办法》[1]（以下简称《办法》）。《办法》规定了单一自然人和法人在单一平台和多个平台的借款上限、明确了网贷资金的银行业存管制度、监管的"双负责"原则、备案制等重要内容。《办法》的出台将对网贷行业产生重大影响，超 9 成的平台面临业务调整。在《办法》限定的 12 个月过渡期内，监管部门将通过自查自纠、清理整顿、分类处置等措施规范行业发展。

基于此背景，本文对在京的十几家具有代表性的网贷平台（包括宜信、人人贷、积木盒子等）进行了现场调研，对其现有的业务运作方式及资金第三方存管模式进行了分析和总结。在此基础上，本书利用博弈理论，建立了监管部门、存管机构（商业银行）和网贷平台三方博弈模型，结合理论研究结果提出了相应的政策建议，并与现有《办法》进行比较讨论，从长期均衡的角度探讨行业未来发展前景。

---

① 资料来源：零壹财经，http://www.01caijing.com/data/index.htm。

二、文献综述

国外研究者关于网贷平台资金第三方存管的研究较少，主要集中于研究影响借款人获得资金的因素，包括利率水平（Michels，2012）[2]和借款人信用（Duarte，et al.，2012）[3]。对于借款人信用，Lin 等（2013）[4]通过对 Prosper 客户进行信用分析，发现良好的社交关系可以使借款人以较低的利率获得贷款。Chen 等（2014）[5]通过对拍拍贷上 785 位借款人的信息进行分析，发现借款成功的关键因素在于信息披露的完善性、中介平台的服务水平以及资金担保措施。

国内关于资金第三方存管（托管）的研究可以归纳为两个方面：一是从商业银行自身业务、制度视角进行相关研究，二是基于博弈模型的理论分析。樊飞舟（2012）[6]从商业银行自身业务特点与现状角度进行分析，指出银行可通过加强服务与产品创新、风险管理体制建设等方式改进托管业务现状。王节（2014）[7]认为可以通过增加风险准备金、加强银行从业人员风险意识等方式改善托管业务。赵向伟、郭晓伟（2015）[8]指出在与 P2P 的托管合作中，银行的账户托管和资金支付是主要障碍，他们建议引入第三方支付机构规避部分问题。博弈论虽然起源较早，但直到近 20 年来，才被引入国内作为经济分析的重要模型。国内关于博弈论在监管部门与第三方存管机构的研究主要有：杨彪（2012）[9]进行了第三方支付机构与监管部门的博弈分析，其结论表明监管成本与违规付款是影响第三方支付机构的主要因素，而第三方支付机构的社会收益和罚款是影响监管部门监管概率的主要因素。陈磊（2015）[10]以博弈论的视角分析了 P2P 平台在业务开展过程中各相关利益主体的风险收益情况，从一次静态博弈出发到无限期动态博弈，试图找出能够使各方都满意的利益均衡点。滕磊（2015）[11]从商业银行与 P2P 两方的合作与非合作角度出发建立了随 P2P 发展时间变化的完全信息博弈模型。

目前关于资金第三方存管的理论研究较少，现存的研究也主要基于两方博弈（监管部门与网贷平台、网贷平台与银行），本研究试图通过分析市场各方——监管部门、商业银行、网贷平台的得益，建立一个较为全面的三方博弈模型。

三、现有的资金银行存管模式

目前大多数网贷平台的资金仍由第三方支付公司进行存管，但根据监管要求，除信息披露等行为要求外，银行存管已成为平台是否合规的最主要因素。资金的银行存管模式将成为平台进行业务调整的方向。目前，对于已经和银行建立资金存管合作的平台，主要有以下三种模式：

第一种是银行与第三方支付公司联合存管模式（见图1），即银行与网贷公司系统不加以绑定，资金仅仅存放在第三方支付公司的备付金账户，主要业务仍由支付公司开展。绝大多数已开展互联网金融资金存管业务的银行实际上都是采用此模式。这种模式的优势在于门槛低，便于网贷公司在形式上满足监管要求，但存在实质上存管主体不清晰的问题。从图1可以看出，银行在该存管模式中并未接触现金流，未尽到相应职责。在实践中，有部分平台甚至其出资人和借款人仍然在第三方支付公司开户，银行变成了资金支付划转的工具。

第二种是银行直接存管模式（见图2），即银行开发存管系统对接网贷平台，通过网贷平台在银行开立资金存管账户、出资人和借款人在银行开立电子虚拟账户的形式，控制资金流。例如，民生银行从2014年底开展此业务，已上线3家网贷平台，其存管规模为100亿元左右，资金余额约为8亿元。在此模式中，出资人或借款人在网贷平台注册后，充值或借款前需在民生银行开立电子账户。该账户是网贷平台在民生银行存管账户的子账户，资金变动由客户设置的密码控制。在资金取出环节，无论是借款人还是出资人都必须绑定其同名银

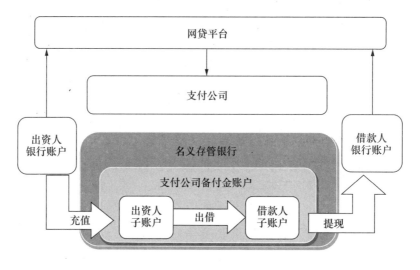

图1　银行与第三方支付公司联合存管模式示意图

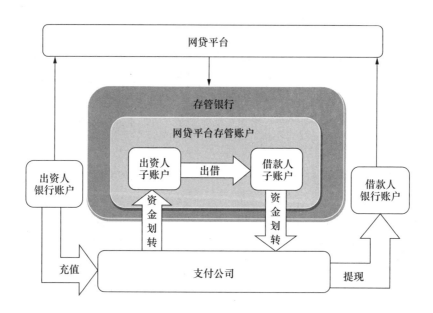

图2　银行直接存管模式示意图

行卡，民生银行将核验客户在银行预留身份信息及手机号码。对于企业借款人，民生银行还会增加企业账户向存管子账户随机金额汇款的环节，核验企业对账户的实际控制权。该模式中银行参与程度高，对网贷平台全部交易信息有数据备份，便于监管检查及破产清算需要，能够在形式上防范道德风险。但相应地，银行由于担心自身声誉风险，设定的门槛较高，虽有几家平台在合作谈判过程中，但总体上该模式的发展仍处于停滞状态，无法满足网贷平台存管需要。另外，该模式要求严格、运作不够灵活，导致客户体验相对较差，对网贷平台业务拓展形成一定制约。

第三种是第三方合作存管模式（见图3），即由专业的系统运营服务商建立前置服务系统与银行系统对接，网贷平台及第三方支付机构与运营机构的前置系统连接。采用该模式的银行以中信银行为代表，出资人、借款人和网贷平台依然在银行开立实体或电子账户，以实现资金流划转，但信息流则全部通过该运营机构处理，形成银行管理资金、运营机构管理信息的基本模式。该模式本质上是银行将存管系统进行了外包，由专业机构进行系统开发和运营，并与网贷平台和第三方支付公司进行对接。专业机构在其中负责资金和交易信息的对接及核验，不实质接触资金。该模式突出的优点是降低了银行存管成本和准入门槛；专业机构能够在形式上对借贷关系的真实性进行审核，保证了银行存管的管理职责不被压缩。目前，该模式尚处于探索阶段，实际效果还有待检验。

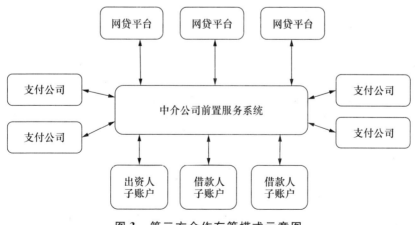

图3 第三方合作存管模式示意图

四、当前银行存管存在的主要问题

一是存管实际约束力不强。从已上线的存管模式的效果看，银行根据网贷平台指令完成资金划拨，并不审核借款项目真实性。在民生银行、中信银行等大行的存管模式中，银行有平台的全部交易数据资料，能够实现对项目的抽查，但在实际操作中，银行的监督难以实现，伪造项目、资金被挪用的风险并不能彻底化解。另外，网贷行业信息不对称的根本问题依然存在，信息披露不充分、不规范使得欺诈犯罪很难被及时发现，这在客观上也造成了投资者"看收益、不看风险"，"买平台、不买产品"，进而要求"刚性兑付"的问题，直接推高了互联网金融行业整体风险。

二是银行合作意愿不强，存管落地进展缓慢。截至 2016 年 6 月，有 112 家平台与银行签订了资金存管协议，签约率约占正常运营平台数量的 4.6%，其中 23 家已正式开展资金存管业务，占正常运营平台数量的比例仅为 0.87%。银行对网贷平台资金存管业务的态度非常谨慎，一方面互联网整治工作还处于初期阶段，网贷行业发展前景不明朗，其风险仍显著存在，与平台开展资金存管业务容易使投资者误解，银行有为平台承担隐性信用背书的风险，声誉风险较大；另一方面大多数网贷平台资金规模较小，加之存管系统开发、人力资源投入等成本，银行开展网贷平台资金存管业务的利润有限。新出台的《办法》中关于资金的第三方存管的落实细则还未发布，且该存管要求主要针对网贷平台，并不约束银行业金融机构，无法解决银行合作意愿不强的问题。

五、监管部门、存管银行、网贷平台的三方博弈分析

本文从监管部门的监管力度、银行的存管意愿、网贷平台经营情形方面来探讨各方的损益，建立了三方博弈模型，试图通过长期均衡寻找该行业未来的发展方向。

（一）均衡理论介绍

博弈论分析的主要目的就是寻找一种均衡的策略组合，即博弈的参与方都具有理性思维能力，并且能够通过不断学习对自己的策略做出选择和调整以达到一个稳定状态。"纳什均衡"是指在某个策略组合下，博弈参与人都没有单独改变策略选择的动机，也就是说任何参与人单独改变策略都不会获得更好的收益，这个策略组合就是博弈的纳什均衡。

（二）博弈模型构建

1. 模型基本介绍

要完整地表述一个博弈，必须说明博弈的三个基本要素：一是参与人，即参与这个博弈的局中人，一般用 $i = 1, 2, \cdots, n$ 进行编号。二是策略，即可供参与人选择的行动，一般用 s_i 表示参与人 i 可以选择的一个特定策略，n 个人的策略写在一起就是一个 n 维策略向量 $s = (s_1, s_2, \cdots, s_n)$，称为一个策略组合。另外用 S_i 表示参与人 i 可以选择的所有策略所构成的集合，称为策略集。三是支付，即在博弈的各种对局下参与人的利益或得益，体现了每个参与博弈局中人的追求，是其行为和决策的主要依据。支付本身可以是利润、收入、量化

的效用、社会效益、福利等。支付为正表示得益，为负表示损失。当策略组合为 s 时，n 个参与人的支付写在一起，就是一个 n 维支付向量。

2. 各方策略

本研究涉及的是一个三方博弈问题：监管部门、银行、网贷平台，即 $n = 3$，并分别用 $i = 1$，2，3 编号表示。每个参与者对应的策略集分别为 $S_1 = \{$严格监管，一般监管$\}$，$S_2 = \{$存管合作，不合作$\}$，$S_3 = \{$合规经营，违规经营$\}$。每个参与者选定一种策略就构成一种策略组合，因此本研究一共有 $2^3 = 8$ 种策略组合，例如 S = （严格监管、存管合作、合规经营）就是其中一种策略组合。

监管部门的"严格监管"和"一般监管"体现了不同的执行力度。银行的"存管合作"和"不合作"体现了银行的存管意愿选择，网贷平台的"合规经营"和"违规经营"体现了平台的风险问题。归纳来看，网贷行业现阶段的风险主要集中于信用风险和道德风险两个方面。

信用风险即因借款人违约，可能对出资人造成损失的风险。互联网金融作为投融资的一个渠道，在信用风险方面与传统金融并无区别。从形式上来看，网贷行业与信托贷款或其他投向融资的资产管理业务类似，刚性兑付现象也同样被移植过来。因此，P2P 公司虽然名为平台，但其表外业务高度表内化，所导致的信用风险将直接影响平台自身。但对于金融行业，网络借贷本身就是一种投资行为，信用风险是客观存在、无法避免的，因此现阶段，网贷行业的信用风险不应成为关注的重点。

现阶段，以平台非法集资为主要形态的道德风险依然是网贷行业的主要顽疾。人民银行及银监会明确了网贷平台涉及非法集资的三种情况：资金池、不合格借款人及庞式骗局。从前述网贷公司的基本模式中可以看出，网贷公司与传统金融行业主要风险的区别在于其可能导致资金池或庞式骗局，平台通过挪用资金获得高额的利润。例如，e 租宝案件已充分暴露机构作为借款人的弊端，即单一项目金额大、贷款集中度高、涉及投资者多，平台伪造项目的成本相对较低。本文中网贷平台的"违规"策略主要指此类触及道德风险的行为。

3. 变量说明

从网贷平台角度来看,追逐利益的最大化是企业的主要目的。随着市场监管的不断完善,越来越多的平台希望通过第三方存管等方式提高其业务的合规性,以吸引更多客户、提高收益。也有一些平台试图规避监管,利用一些违规行为获得超额利润。

从监管部门角度来看,对于市场的监管一般滞后于市场的创新行为。网贷平台的涌现带来了非法集资、平台跑路、客户资金得不到保障等一系列问题,如果放任其自行发展,容易引发市场风险,进而影响金融市场稳定。但如果监管成本过高,监管部门严格限制市场自由交易,将会严重阻碍新兴行业的发展。

从银行角度来看,存管一方面能够为其带来一定收益,增加其流动资金,并借助其互联网优势拓展更多合作空间。另一方面,银行对开展这一业务的顾虑主要有两个方面:一是其不完全认可网贷平台的资产质量和风控水平,担忧平台违规转嫁会影响自身信誉;二是存管成本较高,网贷平台当前整体交易量依然有限,而系统接入、升级,人力成本增加以及账户体系改造等方面的费用需要银行衡量。

监管部门、银行、网贷平台代表着不同的利益主体,监管部门重视行业规范及稳定发展,希望市场能给经济带来积极效应;而对于网贷平台和银行而言,其目标是实现企业收益的最大化。基于此,本文对三方设定了以下变量:

C_1:监管部门严格监管所需的成本

C_2:监管部门一般监管所需的成本

R:平台合规经营获得的利润

R_0:资金存管给平台带来的多余利润

R_1:平台违规带来的额外利润

P:监管部门对平台违规的罚款

H_1:平台违规导致的市场风险以及对监管部门的声誉影响

H_2:平台违规对银行造成的声誉影响

H_3：平台违规导致的平台声誉风险

A：存管手续费

B：存管给银行带来的收益（解决流动资金不足的问题）

D：存管给银行在系统开发、人力等方面带来的成本

G：平台在存管模式下违规所增加的（造假）成本

4. 模型假设

本博弈模型基于以下四项基本假设：

第一，本文涉及的是一个完全信息的静态博弈，即参与人同时进行决策，即使其行动有先后，参与人在进行决策时也都不知道其他参与人的策略是什么，另外参与人都清楚在各种策略组合下每个参与人的得益情况。

第二，监管部门有两种策略，即"严格"与"一般"。所谓"严格"指监管部门实时掌握着网贷平台的各项数据并对其进行监测，平台一旦发生违规经营，监管部门就能够及时查处；而在"一般"策略下，监管部门则不能发现平台的违规行为。严格监管的缺点是要付出比一般监管更大的监管成本，即 $C_1 > C_2$。

第三，假设网贷平台始终希望与银行建立存管合作，那么银行与网贷平台是否合作的主动权在于银行，即只要银行愿意对网贷平台资金进行存管，两者就能建立合作关系。

第四，银行进行资金存管时，一般需要支付网贷平台一部分利息，由于这部分占比较小，暂不考虑在银行的支付中。

（三）各方支付矩阵

在博弈论的研究中，通常采用"支付矩阵"的形式表示参与者各种策略的支付，而三方博弈所谓"立体的支付矩阵"实际上是一个三维棚架状的数据阵式。为了便于研究，我们将立体的支付矩阵投影到三维情形，即给定监管部门的某一策略，讨论银行与网贷平台在各种策略组合下三方的得益（见表1、表2）。

表1　严格监管下监管部门、银行、网贷平台的支付矩阵

严格监管		P2P 平台	
		合规	违规
银行	存管	$(-C_1,\ A+B-D,\ R+R_0-A)$	$(-C_1+P,\ A+B-D-H_2,\ -P-H_3-G-A)$
	不存管	$(-C_1,\ 0,\ R)$	$(-C_1+P,\ 0,\ -P-H_3)$

表2　一般监管下监管部门、银行、网贷平台的支付矩阵

一般监管		P2P 平台	
		合规	违规
银行	存管	$(-C_2,\ A+B-D,\ R+R_0-A)$	$(-C_2-H_1,\ A+B-D-H_2,\ R+R_0+R_1-G-A)$
	不存管	$(-C_2,\ 0,\ R)$	$(-C_2-H_1,\ 0,\ R+R_1)$

1. 监管者采取严格监管

若银行同意与网贷平台合作进行资金存管，同时 P2P 企业也合规经营，这时监管部门只需支付严格监管的成本 C_1；银行的支付包括收益和成本，收益来源于网贷平台的存管手续费 A 以及资金的增加对解决流动性不足带来的效益 B，但银行为实现资金存管需在系统开发、人力等方面花费一定成本 D，因此银行的支付为 $A+B-D$；对网贷平台来说，与银行进行存管合作可以提高其信誉从而吸引更多的客户，除了正常收益 R 外可以获得额外收益 R_0，但需要支付银行存管手续费 A。

若银行同意与网贷平台合作进行资金存管，但 P2P 企业违规经营，由于监管部门采取严格监管，则一定能查处违规。在此情况下网贷平台将受到罚款惩罚 P 以及面临声誉风险 H_3，而在资金存管下，P2P 企业想要违规经营还会增加其成本 G（如造假等），因此 P2P 企业的总支付为 $-P-H_3-G-A$；在违规被查处情况下，银行也将遭受声誉损失，记为 H_2，因此银行的支付为 $A+B-D-H_2$；监管部门的支付在成本 C_1 基础上增加了罚款收入 P。其他情形类似分析。

2. 监管者采取一般监管

当网贷平台选择合规经营时，监管部门的监管成本为 C_2，其他参

与者的支付与上述结果一致。若 P2P 企业选择违规经营，银行同意进行资金存管合作，由于监管部门采取一般监管，无法发现平台违规问题，此时网贷平台将获得违规经营的超额收益 R_1，总支付为 $R + R_0 - R_1 - G - A$，其中 G 为造假成本，A 为存管手续费；但由于平台违规经营，监管者除了付出一般监管成本 C_2 外还因监管不力遭受声誉影响以及面临潜在的市场风险 H_1。若 P2P 企业在没有资金存管下选择违规经营，将获得收益 $R + R_1$，而不需要支付其他费用，监管部门的支付依旧包括监管成本和声誉影响 H_1。

（四）纯策略纳什均衡分析

本部分将讨论市场参与各方在互相博弈后最终形成纳什均衡的条件。首先假设 $A + B - D > 0$，即若 P2P 企业合规经营，商业银行进行资金存管合作将给其带来正效益。随后市场各方在不同条件下将形成不同的纯策略纳什均衡：（一般，存管，违规）、（一般，存管，合规）、（一般，不存管，违规），而在图 4 所列之外的条件下，市场各方将不存在纳什均衡。为简化叙述，以下条件为 "＝" 时的情况不讨论。

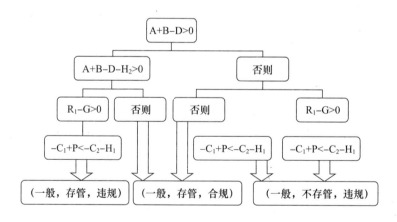

图 4　监管部门、银行、网贷平台的纳什均衡条件

图 4 表明市场各方纳什均衡策略的条件主要与以下因素有关：从商业银行角度来看，网贷平台违规经营情况下银行采取存管合作所获得的收益，即存管业务带来的收益是否能够覆盖平台违规经营导致的银行声誉风险；从网贷平台角度来看，违规带来的多余利润与存管模式下违规所增加（造假）成本的关系；从监管部门角度来看，平台违规时采取严格监管查处违规行为的收益与采取一般监管而未发现其违规经营的收益关系。

六、结论与建议

（一）结论

从市场长期稳定发展的角度来看，监管部门、银行、网贷平台三方（一般，存管，合规）的纳什均衡策略是市场最为理想的良性发展状态。对于银行和平台，（不存管，违规）的均衡策略无疑是典型的"囚徒困境"。通过博弈分析可以看出，当平台选择违规经营策略时，银行是否选择存管策略对三方均衡并无影响；而平台采取合规经营策略时，银行将采取存管策略实现均衡。由此可以得出以下结论：过高监管成本下三方无法达到均衡状态；解决银行存管合作意愿低问题的关键在于平台选择合规经营策略；实现平台选择合规经营策略应提高其在存管模式下的违规成本。

（二）建议

由上述结论，结合新出台的《办法》，政府及监管部门可采取以下方法促进三方实现良性均衡：

一是提高平台违规所增加的（造假）成本 G。从纳什均衡的条件来看，要使市场达到（一般，存管，合规）的良性发展状态，需要提高平台在存管模式下违规经营所增加的（造假）成本 G。《办法》中信息披露、借款上限设置等要求都是增加造假成本的有效途径，与博弈分析的结论具有趋同性，新的监管制度切实符合市场达到长期良性均衡发展的必要条件。监管部门应当继续出台相应细则，确保上述措施能够得到有效执行。

二是增加监管部门对平台违规经营的罚款 P。根据博弈分析，当平台违规经营带来的多余利润小于平台在存管模式下违规经营所增加的（造假）成本，且平台违规经营时监管部门采取严格监管查处违规行为的收益小于监管部门采用一般监管而未发现其违规经营的收益时，就会出现网贷平台违规的纳什均衡，均衡状态为（一般，存管，违规）或（一般，不存管，违规）。因此应适当通过提高违规经营时监管部门采取严格监管查处违规行为的收益来尽量避免出现此种均衡。在监管成本既定的情况下，监管部门可以通过加强对网贷平台违规处罚力度的设定，来降低其违规概率。但《办法》未对事后监管惩罚措施进行规定，如平台违规行为的罚款额度等，该制度是否能够有效增加对平台违规的罚款 P，仍有待检验。

三是适度提高银行存管的约束力。《办法》规定"资金存管机构承担实名开户和履行合同约定及借贷交易指令表面一致性的形式审核责任，但不承担融资项目及借贷交易信息真实性的实质审核责任"。这意味着平台将交易资金或平台相关备付金、风险金存放于存管银行账户上，投资人、借款人、平台均在存管银行开立账户，第三方机构按合同约定、用户指令做资金划转，但存管机构无义务对资金的使用进行监督，存管约束力缺乏的问题依然无法解决。在监管部门不宜采用事前严格监管方式的情况下，银行应当履行更加重要的约束职责。《办法》厘清了银行的责任，但在后续细则中，还应鼓励银行加强对存管业务的监测和约束，进一步提高平台违规成本，确保良性均衡。

参考文献

［1］中国银行业监督管理委员会、中华人民共和国工业和信息化部、中华人民共和国公安部、国家互联网信息办公室．网络借贷信息中介机构业务活动管理暂行办法. 2016 – 08 – 24.

［2］Michels J. Do Unverifiable Disclosures Matter? Evidence from Peer – to – Peer Lending［J］. American Accounting Association，2012（4）：1385 – 1413.

［3］Duarte J.，Siegel S.，Young L. Trust and Credit：The Role of Appearance in Peer – to – peer Lending［J］. The Review of Financial Studies，2012（8）：2455 – 2483.

［4］Lin Mingfeng，Prabhala N. R.，Viswanathan S. Judging Borrowers by the Company They Keep：Friendship Networks and Information Asymmetry in Online Peer – to – Peer Lending［J］. Management Science，2013（1）：17 – 35.

［5］Chen Dongyu, Lai Fujun, Lin Zhangxi. A Trust Model for Online Peer – to – Peer Lending：A Lender's Perspective［J］. Information Technology and Management，2014（4）：239 – 254.

［6］樊飞舟．商业银行发展资产托管业务的思考［J］．金融理论与实践，2012（8）：110 – 114.

［7］王节．浅析我国银行资产托管业务操作风险的管理［J］．上海金融，2014（3）：101 – 104.

［8］赵向伟，郭晓伟．试论 P2P 网贷银行托管的必要性和可行性［J］．财税统计，2015.

［9］杨彪．中国第三方支付有效监管研究［D］．东北大学博士学位论文，2012.

［10］陈磊．基于博弈论视角的 P2P 平台风险关系研究——以安徽省调研数据为例［J］．金融理论与实践，2015：42 – 47.

［11］滕磊．用博弈论的思维分析 P2P 与商业银行关系的发展［J］．北京金融评论，2015（4）：139 – 146.

从消费金融视角看互联网金融对传统金融的影响和冲击

李玉秀等[*]

2012 年以来，随着我国经济由高速增长转为中高速增长的新常态，投资、出口等拉动经济增长的传统手段增长乏力，消费在国民经济中的地位日益重要。现有研究成果较少有从消费金融视角出发开展的研究，且研究内容和得出的结论比较笼统，缺乏基于金融市场操作实际的系统而全面的研究。本文以大量而广泛的实地调研为基础，首先详细梳理了传统消费金融和互联网消费金融的发展状况。其次从正反两个方面集中讨论了互联网消费金融对传统消费金融的影响和冲击，深入剖析了冲击产生的原因，并结合国际经验对我国传统消费金融和互联网消费金融的发展进行了趋势预判：一是未来我国传统消费金融和互联网消费金融将优势互补、竞合融合、前景可期；二是互联网消费金融产融结合模式将逐步影响传统金融体系并促进其与消费产业进一步融合；三是金融监管部门将在消费金融领域逐步发挥更深度的数据监测、趋势预测和金融稳定的作用。最后从规范消费金融行业发展、促进消费金融公平高效运转、引导传统消费金融和互联网消费

* 李玉秀：中国人民银行营业管理部中关村中心支行行长，中国人民银行营业管理部副巡视员。参与执笔人：周丹、夏楠、李天懋、梁珊珊、甘瀛、杨荻、齐雪菲、童怡华、吕潇潇、张英男、孙丹、张瑞生、郭田田、和普霞、王军只。其中，周丹、夏楠、李天懋、梁珊珊、甘瀛、杨荻、齐雪菲供职于中国人民银行营业管理部中关村中心支行；童怡华、吕潇潇、张英男供职于中国人民银行营业管理部货币信贷管理处；孙丹供职于中国人民银行营业管理部金融研究处；张瑞生、郭田田、和普霞、王军只供职于中国人民银行营业管理部会计财务处。

金融融合发展三个方面出发，提出可行性建议。

一、引言

（一）研究意义与背景

2012 年以来，随着我国经济由高速增长转为中高速增长的新常态，投资、出口等拉动经济增长的传统手段增长乏力，消费在国民经济中的地位日益重要。2016 年上半年，我国最终消费支出对 GDP 增长的贡献率为 73.4%，成为经济增长的第一动力。消费在国民经济中地位的上升及消费结构升级的速度加快为消费金融带来了新的发展契机。2016 年政府工作报告指出，要增强消费拉动经济增长的基础作用，在全国开展消费金融公司试点，鼓励金融机构创新消费信贷产品。

2012 年以来，我国互联网金融加速发展，其简单、高效、低成本的优势对包括消费金融在内的传统金融模式产生了巨大冲击，同时也为金融机构创新消费信贷产品创造了重大的发展机遇。传统金融机构在积极进行互联网消费金融产品创新的同时，如何更好地应对互联网金融的冲击，切实防范相关的金融风险，更好地发挥金融机构服务实体经济的作用，受到了社会的广泛关注。因此，本文在充分梳理我国传统消费金融及互联网消费金融发展现状的基础上，从正反两个方面探讨我国互联网消费金融对传统消费金融的影响，深入分析影响产生的原因，并结合国际经验提出有针对性的政策建议，对于推动互联网消费金融这一新型金融模式的良性发展，促进传统金融机构创新发展，更好地发挥金融服务实体经济的作用，具有重要的现实意义和政策参考价值。

（二）国内外相关研究综述

1. 消费金融对经济增长的作用

目前，消费金融尚未形成独立的理论体系，对其概念也没有统一的定义。学者们分别从服务、产品和功能等不同角度给出了相应描述：廖理（2010）认为，消费金融是指由金融机构向消费者提供包括消费贷款在内的金融产品和金融服务；锡士（2010）认为，消费金融是指向各阶层消费者提供消费贷款的现代金融服务方式；冯金辉（2010）认为，消费金融是指为满足居民对最终商品和服务的消费需求而提供的金融服务；美国学者 Campbell（2010）采纳 Merton、Bodie（1995）和 Tufano（2009）的观点从功能方面诠释消费金融，他认为，消费金融体系具有支付功能、风险管理功能、借贷功能或储蓄投资功能。

消费金融在成熟市场和新兴市场均已得到广泛应用，对经济增长有多方面的促进作用。首先，消费金融对消费需求有积极的助推作用，有利于将经济从供应驱动型转变为需求驱动型（彼得·德鲁克，1985）。其次，王勇（2012）认为消费金融不仅可以在短期起到扩大消费的作用，还可以在长期发挥作用，成为我国扩大消费需求长效机制的重要组成部分。最后，消费金融能够加速社会资本流动，滋生新型消费市场及业态，从而在消费市场开发、消费渠道拓宽等方面发挥积极的作用（杨鹏艳，2011；刘丹，2011）。

2. 互联网金融对传统金融的影响

近年来，随着互联网等通信技术的发展及其与金融业的融合，互联网金融对传统金融的影响已成为一个重要的研究方向。在研究初期，Allenetal（2002）和 Fight（2002）等只将互联网视为实现金融服务与交易的一个新的方式，并在此基础上讨论互联网对金融业的影响。随着研究的深入，更多的注意力集中在研究互联网对传统金融组织、运行方式的冲击上。一些学者认为，互联网金融是继传统金融中介和资本市场之后的第三种金融模型（Shahrokhi，2008）；高春华

（2016）认为，互联网金融是利用互联网信息技术对传统金融行业的一种改革和创新，并不会改变传统金融行业存在的本质和用途，但会对传统金融行业产生重要影响，在给传统金融业带来挑战的同时，也会带来发展机遇。

一部分学者探讨了互联网金融对传统金融的冲击。徐诺金（2015）提出互联网的本质是"去中介化"，因此互联网金融对具有中介性质的传统金融造成的冲击是最大的。王敏成（2014）认为互联网金融改变了传统的企业资金供求模式，冲击了传统银行制度，增加了传统金融的系统风险。叶湘榕（2015）将传统消费金融机构划分为商业银行和消费金融公司两类，他认为互联网金融对商业银行的影响暂时不是太大，但对消费金融公司造成了较大的竞争压力。

另一部分学者将传统金融转型作为出发点，分析了互联网金融对传统金融发展的积极影响。邱勋（2016）认为传统金融业开展互联网金融业务优势明显，同时开展互联网金融业务会为传统金融机构的改革深化提供强大的驱动力。刘澜飙等（2013）认为互联网金融模式与传统金融模式之间存在较大的融合空间，借助互联网的技术优势与组织模式，传统金融中介机构可提升自身服务能力与效率、扩大服务领域与受众。王兵（2015）提出国内商业银行应选取消费金融作为网络金融转型的突破口，着力实现消费金融"互联网＋"升级。叶湘榕（2015）认为互联网金融扩大了消费金融市场规模，提高了消费金融市场效率，改变了消费金融市场发展不平衡的局面，消费金融市场主体呈现多元化趋势，创新产品将层出不穷。

（三）研究安排

根据前文所述，消费金融是互联网金融和传统金融结合的突破口，既是互联网金融未来扩张的重要方向，也是传统金融转型的着力点。因此，从消费金融的视角深入研究互联网金融对传统金融的影响具有现实意义。但是，目前有关互联网金融对传统金融影响的研究成果主要集中在以下几个方面：一是讨论互联网金融对传统金融的整体影响；二是将金融机构进行划分，分别讨论互联网金融对不同机构的影响；三是比较互联网金融和传统金融的发展环境和模式。现有研究成果较少有从消费金融视角出发开展的研究，且研究内容和结论比较笼统，缺乏基于金融市场操作实际的系统而全面的研究。本文将在进行大量而广泛的实地调研基础上，结合调研取得的第一手现实资料，对传统消费金融和互联网消费金融发展状况进行详细梳理，随后从正反两个方面集中讨论互联网消费金融对传统消费金融的影响和冲击，剖析冲击产生的原因，最后结合国际经验对我国传统消费金融和互联网消费金融的发展提出可行性建议。

本文余下部分的研究安排如下：第二部分介绍我国传统消费金融现状与存在的问题；第三部分介绍我国互联网消费金融的现状及存在的问题；第四部分归纳美国消费金融的经验借鉴；第五部分研究我国互联网消费金融对传统消费金融的影响和冲击；第六部分提出政策建议。

二、我国传统消费金融现状与存在的问题

我国传统消费金融按机构类型主要分为商业银行、消费金融公司、汽车金融公司三类，其业务发展情况各有特点。

（一）我国商业银行消费金融业务现状与存在的问题

1. 我国商业银行消费金融业务的发展历程

1985 年，建设银行深圳市分行发放全国首笔个人住房抵押贷款，我国消费信贷业务开始起步；1998 年，人民银行相继发布《个人住房贷款管理办法》和《汽车消费贷款管理办法》，对个人住房贷款和汽

车消费贷款业务进行了规范；1999 年，人民银行发布《关于开展个人消费信贷的指导意见》，明确要求商业银行积极开展消费信贷业务。自此，我国商业银行的消费信贷业务逐步发展起来，业务品种扩展到个人住房抵押贷款、个人汽车贷款、助学贷款、住房装修贷款、医疗贷款、旅游贷款、个人综合消费贷款等 10 多个品种，开展消费信贷业务的金融机构也从国有商业银行扩展到所有有条件开展消费信贷业务的商业银行。

2. 我国商业银行消费金融业务模式

商业银行消费金融业务的目标客户集中于有稳定收入的白领人群，业务模式以线下业务为主，主要是个人消费贷款和信用卡。

（1）个人消费贷款。消费者向商业银行申请消费贷款，经审核通过后即可获得贷款。商业银行通过多年消费贷款业务的经营，已基本形成一套包括汽车、教育留学、旅游、家居装修等在内的较为成熟的个人消费贷款产品体系。截止到 2015 年末①，我国金融机构本外币住户贷款短期消费贷款余额为 4.1 万亿元。

（2）信用卡。信用卡消费是消费者从商业银行获得授信后，向商家购买商品，由商业银行向商家支付全额货款，消费者再向商业银行还款的消费模式。信用卡消费方式包括信用卡分期、循环信用、预借现金等。信用卡分期产品主要集中在汽车分期和家居分期两个方面。目前，我国商业银行已形成较为稳定的信用卡市场格局，截止到 2015 年末②，我国信用卡发卡数量达 4.32 亿张，授信总额为 7.08 万亿元，应偿信贷余额为 3.09 万亿元，授信使用率为 43.77%。

3. 我国商业银行消费金融业务特点

一是客户资源丰富，客户数据信息详尽。商业银行作为我国发展最早、业务最全面的金融机构，在长期的发展过程中积累了丰富的存量客户资源，客户数据信息详尽，竞争优势明显，其他机构在短期内难以与之匹敌。

二是风控手段完善，风险管理经验丰富。银行消费金融产品的风

---

① ② 资料来源：中国人民银行网站，www. pbc. gov. cn。

险管理贯穿贷款生命周期的所有阶段，我国商业银行经过长期的经验积累，已经形成一整套较为完善、规范的消费金融业务管理制度及风险控制体系，能够较为准确地识别、防范、控制和化解信贷风险。

三是资金规模充裕，资金成本较低。我国长期以来高储蓄的特征使得商业银行具有充足的资金来源，且资金成本较低，因此消费金融业务利率执行水平较低，一般年利率约为7%，与市场上消费金融公司、民间借贷等动辄20%年利率的融资成本相比，具有资金价格上的优势。

四是消费金融产品丰富，模式灵活。商业银行消费金融产品及功能丰富多样，已全面覆盖汽车、旅游、教育留学、家居装修等多种用途，在贷款金额、还款方式、贷款期限、担保方式上灵活多样，能够满足不同客户的个性化需求。

4. 我国商业银行消费金融业务面临的问题与挑战

一是鼓励业务创新的环境需要完善。我国商业银行较互联网消费金融机构面临更为严格的监管，业务创新受到较大制约。同时，其业务产品严格、复杂的创新论证流程，对资产质量、风险管理的考核，以及业务发展偏于保守等现实情况，使得商业银行在业务创新上的力度和效率缺乏较强的竞争优势。

二是获取的客户数据相对滞后。相较于互联网消费金融机构的客户大数据分析，商业银行在放贷审批时参考的客户财务数据等信息属于历史数据，具有一定的滞后性，难以实时准确地反映客户的信用状况。

三是商业银行消费金融业务办理复杂，审批效率相对不高。商业银行消费金融业务办理手续相对复杂，需要客户提供纸质材料并多次往返银行网点，耗费时间长，且银行审批放贷的时间在几天到几周不等，与互联网消费金融相比审批时间相对较长。

四是运营成本较高，人力物力需求量较大。为推广消费金融业务，商业银行需要付出大量的成本。一方面，开设营业网点需要大量资金投入；另一方面，客户经理直接面对消费者，全程跟进业务进度，耗费较大的人力物力，运营成本较高。

（二）我国消费金融公司业务现状与存在的问题

消费金融公司是经银行业监督管理委员会批准设立和监管的，为消费者提供专业化金融服务的非银行金融机构。作为专门提供小额、无抵押、无担保消费贷款的金融机构，消费金融公司自 2009 年开展试点以来，在推动经济结构调整、促进消费转型升级和保障民生等方面发挥了积极作用。

1. 我国消费金融公司的发展历程

自 1985 年建设银行发放全国首笔个人住房抵押贷款、中国银行发行我国第一张信用卡起，我国消费金融业务开始萌芽。2009 年，为了缓解次贷危机对我国经济的影响，发挥居民消费对经济增长的拉动作用，银监会颁布《消费金融公司试点管理办法》，正式开启我国消费金融公司试点工作（见图 1）。试点工作开展以来，消费金融公司行业规模逐步增长、盈利能力逐步提高、客户群体逐步扩大，显现出良好的发展局面。截至 2015 年末[1]，消费金融公司行业资产总额为 637.95 亿元，贷款余额为 573.74 亿元，累计发放 5 万元以下贷款 989 万笔，占比 94.05%，累计服务客户突破 1000 万人。

2. 消费金融公司业务运营模式

消费金融公司的业务运营模式主要有直接支付、受托支付和循环信用三种。

（1）直接支付模式。消费金融公司依据消费者信用情况审核贷款申请，通过后将贷款发放到消费者指定账户。直接支付类贷款产品的最高额度可达 20 万元。

（2）受托支付模式。消费者在消费金融公司的合作商户购买商品或服务时，向消费金融公司申请消费分期，消费金融公司审核通过后将货款支付给商户。消费金融公司通过与商户合作，能够增加客户流量，扩大服务范围。

---

[1] 资料来源：银监会。

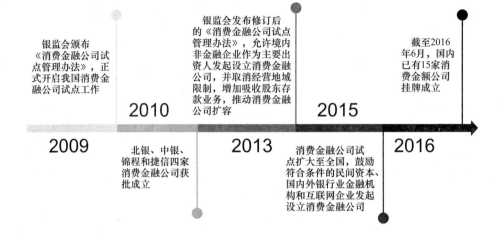

银监会颁布
《消费金融公司试
点管理办法》，正
式开启我国消费金
融公司试点工作

2010

银监会发布修订后
的《消费金融公司试点
管理办法》，允许境内
非金融企业作为主要出
资人发起设立消费金融
公司，并取消经营地域
限制，增加吸收股东存
款业务，推动消费金融
公司扩容

2015

截至2016
年6月，国内
已有15家消
费金额公司
挂牌成立

2009

北银、中银、
锦程和捷信四家
消费金融公司获
批成立

2013

消费金融公司试
点扩大至全国，鼓励
符合条件的民间资本、
国内外银行业金融机
构和互联网企业发起
设立消费金融公司

2016

图1 我国消费金融公司发展历程

（3）循环信用模式。消费金融公司根据消费者的信用情况，向消费者提供可以循环使用、随借随还的贷款产品。循环信用模式能够提高资金利用效率，提升贷款的便捷度。

3. 我国消费金融公司业务特点

一是业务门槛低，服务低收入消费群体。消费金融公司主要以低收入消费群体为目标客户，具有较高的风险容忍度，能够覆盖因风险较高而未能享受到银行服务的客户群体，与商业银行形成了一定的错位竞争和互补关系，填补了消费金融市场的空白。

二是功能定位小额、分散。消费金融公司针对低收入群体的消费特征，坚持"小额、分散"的特色功能定位，推出大量低门槛、小额度的消费金融产品，满足了低收入群体迅速增长的消费需求，有效释放了消费潜力。

三是服务高度便捷。消费金融公司仅向客户发放以消费为目的的贷款，业务专一，能够围绕客户需求和用户体验定制业务流程，手续精简，审批速度快，在服务效率和便利性方面具有比较优势。

四是运营方式多样，获客渠道灵活。消费金融公司在线下与百货公司、购物中心等大型零售商合作，依托其营业网点满足消费者地域性的贷款便利。而线上主要通过消费金融公司自身或合作商户的移动APP获客，如招联消费金融通过联通网上营业厅、马上消费金融通过"马上贷"APP获取客户。

4. 我国消费金融公司面临的问题和挑战

一是消费金融业务法律法规不健全。目前，我国专门规范消费金融行业的法律性文件仅有银监会发布的《消费金融公司试点管理办法》，法律层级较低，无法满足消费金融公司业务快速发展的需要。同时，行业整体法律法规的不健全，使得我国消费金融业务在发展中缺乏系统性协调机制，难以对业务经营的各微观层面实施有效约束，易引发行业系统性风险。

二是新消费金融形势下的风险管理能力不足。在互联网金融蓬勃发展的今天，消费金融公司风险管理问题更加复杂，涉及金融、信息技术及电子通信等多个方面，对风险防控体系建设提出了严峻挑战，亟须具有跨界风险管理经验的人才或团队进行有针对性的风险管理研究，并采取相应的管理措施。

三是业务受限，市场竞争能力相对不强。根据《消费金融公司试点管理办法》的规定，消费金融公司仅能为客户提供信用消费贷款，不能提供房屋、汽车等抵押贷款，且单个客户贷款余额不能超过20万元，业务范围受到极大限制，市场竞争能力受到制约。

（三）我国汽车金融公司业务现状与存在的问题

汽车金融公司是经银行业监督管理委员会批准设立和监管的，能够为我国境内的汽车购买者提供专业化金融服务的非银行金融机构。汽车金融公司自2004年在我国出现以来，在汽车产业发展、促进汽车消费方面发挥了强大的拉动作用。

1. 我国汽车金融的发展历程

1995年，上汽集团推出的汽车贷款成为我国汽车金融业务的起点，国内商业银行和众多国际汽车金融公司相继试水汽车信贷业务，汽车消费金融业务开始萌芽（见图2）。

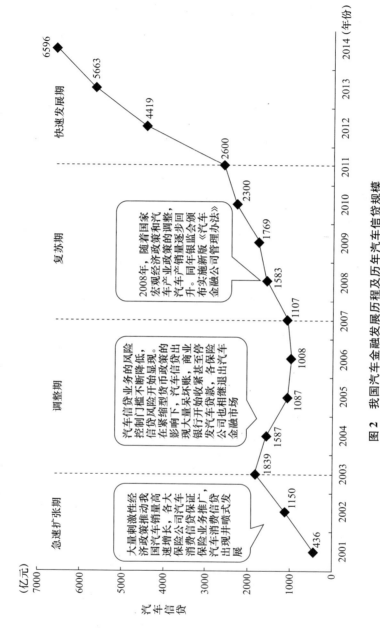

图2 我国汽车金融发展历程及历年汽车信贷规模

资料来源：Wind 资讯。

经过多年发展，我国汽车金融公司业务经营逐渐规范，业务规模逐步扩大。截至 2015 年末①，全国共有 25 家汽车金融公司获批成立，总资产为 4190.06 亿元，总负债为 3510.71 亿元，零售购车贷款余额为 3051.54 亿元。2015 年全年发放零售贷款 2572.87 亿元，全年累计实现净利润 74.01 亿元。

2. 我国汽车金融公司的零售业务模式

我国汽车金融公司的零售业务模式分为分期付款模式和融资租赁模式。

（1）分期付款模式。消费者在购买汽车时，向汽车金融公司申请贷款，经审核通过后获得贷款购买汽车，并通过分期方式偿付贷款。

（2）融资租赁模式。消费者向汽车金融公司申请融资租赁购车并获批后，在汽车租赁期内支付每期折旧款，便可使用汽车，到期时消费者可以选择支付余款购买汽车主权，或将车归还汽车金融公司。

3. 我国汽车金融公司的业务特点

一是与汽车产业联系紧密。目前，国内大部分汽车金融公司隶属于汽车企业集团，具有与汽车产业联系紧密、高度信任和利益共同的特征。在经济下行或行业不景气时，汽车金融公司仍有强烈的资金供给意愿，对产业发展和汽车销售能够起到雪中送炭的作用。

二是渠道优势显著，能够提供全方位综合服务。汽车金融公司可以为整体汽车产业链提供金融服务，具有与制造商、经销商、维修商的合作渠道优势，能够构建以购车融资为核心的一站式服务平台，为客户提供全方位综合服务。

三是融资产品更具专业性和针对性。汽车金融公司具有熟悉汽车产业和金融专业领域的跨界人才，能够结合行业特点和客户金融需求做出综合深入分析和精准判断，提供更加灵活、更有针对性的融资产品。

4. 我国汽车金融公司面临的问题与挑战

一是汽车金融公司业务范围比较狭窄。根据《汽车金融公司管理

① 资料来源：中国银行业协会汽车金融专业委员会. 中国汽车金融公司行业发展报告（2015 年度）［EB/OL］. www.sinotf.com.

办法》等相关制度的规定，汽车金融公司只能提供购车及购车附加产品的融资服务。在汽车产业利润重心逐步向汽车维修、保养等购车后市场转移的趋势下，资金大量集中于汽车生产和购买阶段，不利于汽车行业和汽车金融市场的可持续性发展。

二是汽车金融市场结构不合理。目前获批成立的 25 家汽车金融公司中，有 24 家隶属于汽车企业集团，其设立目的主要在于促进集团旗下汽车产品的销售。汽车金融公司之间的竞争更多地体现为汽车品牌的竞争，并未面向整个汽车市场，形成了相互割裂的汽车金融市场结构，不利于汽车金融产业的市场竞争和行业发展。

三是汽车零售融资业务品种单一。目前我国汽车金融公司零售业务以汽车抵押贷款为主，融资租赁仅占较小规模，同时受业务监管限制，无法为消费者提供纯信用贷款。在各类金融服务蓬勃发展的背景下，汽车金融公司零售融资业务品种单一的状况尤为突出，限制了汽车金融公司的发展。

三、我国互联网消费金融现状与存在的问题

（一）我国互联网消费金融模式及运行现状

互联网消费金融是以"互联网 + 消费金融"的新型金融服务方式，满足个人或家庭对最终商品和服务的消费需求而提供的金融服务。随着信息技术不断革新和消费需求不断升级，互联网消费金融渐渐渗入社会生活的各个领域。

1. 我国互联网消费金融的发展历程

从阿里推出支付宝解决了网购消费的信用问题开始，互联网消费开始对传统实体消费领域持续渗透。2014 年，互联网电商悄然进入消费金融领域，京东率先推出了"京东白条"，阿里推出了"天猫分

期"、"蚂蚁花呗",从而开启了互联网消费金融时代。2014 年以后,网贷平台、支付征信机构相继通过小贷、分期类产品,如趣分期等,进入该消费金融领域。随着消费金融试点的逐步放开,从 2014 年开始,一些实体产业类机构也竞相引入互联网平台和新一代信息技术,推进消费金融业务,使得传统消费金融和互联网消费金融逐渐进入了融合阶段。据统计①,2015 年互联网消费金融市场交易规模为 322.8 亿元,环比增长 106.4%,预计 2016 年将达 720.7 亿元。

2. 我国互联网消费金融的主要特点

一是以供应链为依托,基于线上化的消费生态体系创造需求。互联网消费金融主要基于互联网突破地域限制的特征,以自有供应链和他有供应链为依托,在教育、校园、装修、医疗、租房等多领域渗透,拥有更广、更易得、更精准的客户覆盖面,再通过分期的方式解决客户需求与即时购买能力之间的矛盾,从而创造了更多的需求。

二是以风控为核心,应用新一代信息技术识别风险,提供小额、便捷的消费金融服务。互联网消费金融风控体系在贷前、贷中的风控手段与传统金融机构相比,在模型运用、信息获取、风险识别、审批效率等方面均加强了新一代信息技术②的应用,实现了小额授信即时秒批,还可进行流程前期、中期实时欺诈风险识别,并即时中断授信。

三是以竞合为导向,存在政策监管风险和融资局限,但拥有广泛紧密共赢的合作。较为大型的互联网消费金融机构逐渐重视政策监管风险,努力达到监管准入、合规方面的标准,积极争取业务牌照,控制法律风险,提高融资资质。同时广泛与银、证、保、商户紧密合作,促进消费者、商户、金融机构、互联网企业多方共赢。

---

① 资料来源:Wind 资讯。

② 新一代信息技术是《国务院关于加快培育和发展战略性新兴产业的决定》中提出的,七大国家战略性新兴产业体系中包括"新一代信息技术产业"。"新一代信息技术产业"主要内容是"加快建设宽带、泛在、融合、安全的信息网络基础设施,推动新一代移动通信、下一代互联网核心设备和智能终端的研发及产业化,加快推进三网融合,促进物联网、云计算的研发和示范应用。着力发展集成电路、新型显示、高端软件、高端服务器等核心基础产业。提升软件服务、网络增值服务等信息服务能力,加快重要基础设施智能化改造。大力发展数字虚拟等技术,促进文化创意产业发展"。

3. 我国互联网消费金融的运营模式

我国互联网消费金融公司主要有两种运营模式。一是以自有供应链为主线的消费金融平台，主要包含电商系、产业系；二是以他有供应链为依托的消费金融平台，主要包含支付、征信系和网贷系。

（1）以自有供应链为主线的消费金融平台。电商系消费金融平台主要依托自身电商平台，面向自营商品及开放电商平台商户的商品，提供无现金分期购物和有现金小额消费贷款服务（见图3）。电商系消费金融平台基于其庞大的线上供应零售网络、用户大数据等优势，在互联网消费金融的细分市场中具有很强的竞争力，其主要代表有京东白条、蚂蚁花呗①（见表1）。与电商系不同的是，产业系消费金融平台拥有国家消费金融牌照，多运用线上与线下结合的模式，以金融带动主营，为消费者提供分期购物和小额消费贷款服务，其主要代表有马上消费金融公司、海尔消费金融公司、苏宁消费金融公司（见表2、表3）。

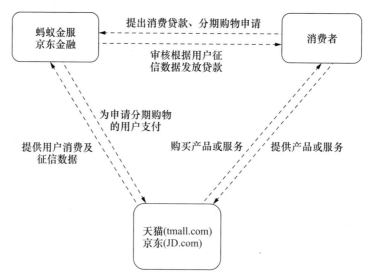

图3 电商系消费金融平台运营模式

资料来源：Wind资讯。

---

① 这里没有提及京东金条和蚂蚁借呗的主要原因是其借款目的无法确定为消费用途，因此无法将其界定为消费金融。

表 1 京东白条与蚂蚁花呗

	京东白条	蚂蚁花呗
贷款余额	150 亿元	超过 100 亿元
不良率	3% 以下	不良率和逾期率分别为 0.83% 和 2.62%
额度	最高 1.5 万元	最高 5 万元
还款	借记卡还款（信用卡被叫停）	支付宝、借记卡
	不可当日还款	可以当日还款
	提前还款无手续费	提前还款无手续费
	提前还款需全额还款	可部分提前还款
费率	0.5%～1%/月	3 期为 0.8%/月、12 期为 0.7%/月
期限	一般为 30 天账期，3～24 个月分期	3、6、9、12 个月
场景	京东商城、其他（主要为自营产品）	淘宝、天猫、口碑等其他合作方
活跃用户	1000 万用户（5000 万用户可用白条）	—
审贷时间	即时，或半天	即时，或半天
资金	自有、小贷、资产证券化	自有、小贷、资产证券化、银行

资料来源：京东金融、Wind 资讯。

表 2 产业系消费金融平台

名称	成立时间及地点	注册资本	产业背景	主要产品
马上消费金融	2014 年重庆	3 亿元	重庆百货，物美控股，浙江小商品城	马上贷
海尔消费金融	2014 年青岛	5 亿元	海尔集团	0 元购，嗨客贷
苏宁消费金融	2015 年南京	3 亿元	苏宁零售业务	任性付，零钱贷
华融消费金融	2016 年合肥	6 亿元	合肥百货	极客贷、美丽贷、居家贷、教育贷、畅游贷、喜庆贷

资料来源：Wind 资讯。

表 3 任性付与零钱贷

产品名称	任性付	零钱贷
经营模式	小额消费贷款。用户在购物时可使用任性付直接付款，享受提额、优惠期间 30 天内免息、抄底手续费等服务	用户用零钱宝资产抵押、提前消费，30 天免息，免息期间内还可以享受收益
借还渠道	用易付宝借款，零钱宝、储蓄卡、易付宝还钱	用零钱宝借还钱

产品名称	任性付	零钱贷
手续费	1%/月	无
产品用途	苏宁云商、苏宁易购	苏宁云商、苏宁易购
申请资质	18~60周岁中国公民	零钱宝用户
额度	最高20万元	最高5万元
期限	最长5年	30天免息且享受收益

资料来源：苏宁消费金融公司。

（2）以他有供应链为依托的消费金融平台。支付、征信系消费金融平台主要依托第三方电商平台或供销平台，以大数据获取渠道、信用评分模型为主要优势，为消费者提供分期购物和小额消费贷款服务，其主要代表有拉卡拉（见表4）。网贷系消费金融平台同样依托第三方电商平台或供销平台，以网贷融资作为主要资金来源，为消费者提供分期购物和小额消费贷款服务，其主要代表有趣分期、分期乐、爱学贷（见图4、表5）。

表4　拉卡拉消费金融平台

	替你还	易分期	蘑菇分期	游学分期	北风分期
额度	最高1万元	最高10万元	最高15万元	最高10万元	最高3万元
还款	信用卡余款代偿	现金贷款	消费贷款	消费贷款	消费贷款
手续费	2%~6%	8%~18%	2.8%~6.5%	8%~14%	12%~13.2%
期限	1、2、3、4周	6、12、18、24个月	2~11个月	6、12个月	12、18个月
场景	信用卡账单短期代偿（拉卡拉客户）	现金贷款（拉卡拉客户）	蘑菇公寓（给商户）	游学（给客户）	教育（给商户）
资金来源	自有资金、小贷资金（资管、理财、保理等），平均融资成本6.05%				

资料来源：拉卡拉。

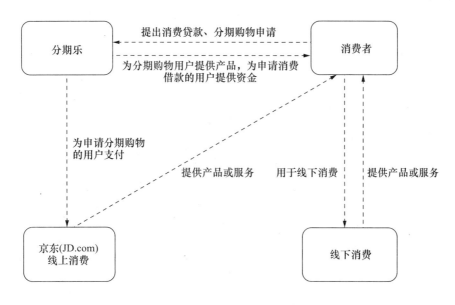

图 4　网贷系消费金融平台运作模式

资料来源：人民银行中关村中心支行、Wind 资讯。

表 5　网贷系消费金融平台

名称	典型代表	代表模式
蓝领分期	赶集网、买单侠	为蓝领群体提供分期贷款消费
装修分期	装修宝、家分期、小窝金服、土巴兔	招联金融与土巴兔推出好期贷装修贷款服务，免抵押担保，最高可贷 20 万元，最长 5 年
大学生分期	分期乐、趣分期、贝多芬	分期乐为大学生分期购物在线商城，已经获得京东战略投资
旅游分期	去哪儿、易分期、京东旅游白条	去哪儿与闪白条合作，用户在去哪儿上消费到一定额度，可以直接申请到高额拿去花额度，先消费后付款
教育分期	学好贷、孩分期	孩分期为 0～18 岁孩子父母提供孩子生活、教育消费分期金融服务，签约需准备工作证、收入证明等有效证件及资料
租房分期	住分期、自如白条	京东金融联手链家推出自如白条，租户在支付首期款后，按月份起支付房租即可入住

资料来源：Wind 资讯。

（二） 我国互联网消费金融存在的主要问题

1. 互联网消费金融法律制度仍有进一步完善的空间

虽然2015年7月18日中国人民银行等十部委发布《关于促进互联网金融健康发展的指导意见》（以下简称《指导意见》），为互联网金融不同领域的业务指明了发展方向。但现有的银行法、保险法、证券法都是基于传统金融业务的，对于互联网消费金融的电子合同有效性的确认、个人信息保护、交易者身份认证、资金监管、市场准入、个人征信采集及使用等尚未做出明确规定。因此，在互联网消费金融的交易过程中可能出现交易主体间权利义务模糊等问题，这将不利于整个消费金融行业的稳定发展。

2. 互联网消费金融的管控效果有待加强

近几年，互联网消费金融快速崛起。京东金融、蚂蚁金服等互联网企业从事的都是事实上的金融业务，但从事这些业务的互联网企业目前仍然被定义为商业企业，未被纳入金融监管范畴。同样开展消费金融业务的银行、汽车金融公司、消费金融公司则受《个人贷款管理暂行办法》等相关法律①的限制。这种使互联网消费金融公司存在监管套利的可能，限制了互联网消费金融公司从事金融业务的一些权力，同时企业和个人各类信息未能得到有效管理和保护，可能加剧消费金融行业的不公平竞争，这将提高传统消费金融机构创新的成本，并限制了互联网消费金融的健康发展。

3. 互联网消费金融融资渠道有限，流动性支持仍需加强

目前互联网消费金融的资金筹集主要依靠集团自有资金、小贷公司资金、应收账款资产证券化项目和与银行合作放贷等方式。资产证券化项目的发行额有限，占其消费金融交易额比例较小。例如，京东白条年交易量达200亿元，而其应收账款资产证券化项目金额仅为15

---

① 相关法律主要指《个人贷款管理暂行办法》、《汽车贷款管理办法》、《汽车金融公司管理办法》、《消费金融公司试点管理办法》和《征信业管理条例》等。

亿元。融资渠道有限限制了互联网消费金融的进一步发展。

4. 互联网金融信息尚未纳入人民银行征信系统

互联网消费金融机构在经营时尚无法应用人民银行征信系统数据，使其在贷前应用大数据分析时，因缺失信贷信息而易面临较大信用风险。与此同时，传统消费金融机构也无法获取互联网消费金融的征信信息，同样存在风险防范问题。另外，随着行业主体不断增加，一个客户可以通过银行渠道的大额信用卡、消费金融，非银行渠道的 P2P、电商、互联网银行等不同渠道，同时获得远超其还款能力的融资授信，而不同平台上的贷款信息无法共享，可能出现多头授信的风险。

四、美国消费金融的经验借鉴

（一）美国传统消费金融和互联网消费金融的发展历程及现状

1. 美国传统消费金融的发展历程及现状

（1）美国传统消费金融的发展历程。美国消费金融的发展主要受益于居民收入与消费的增长，以及消费金融领域的不断创新，主要分为三个发展阶段。一是"二战"后到 20 世纪 60 年代的兴起阶段。第二次世界大战之后，为迅速发展经济，美国政府放宽了消费金融限制，以银行为主体的消费金融得到空前发展，但限于信用体系建设不完善，欺诈现象频出。二是 20 世纪 70 年代到 80 年代的变革阶段。为防止消费金融过度竞争，美国政府对消费金融设定了限制，消费金融市场出现了分化，利率市场化开启后大量机构涌入消费金融市场，市场竞争加剧，但银行依然是金融市场的主导者。同期，征信行业经历了大洗牌，形成了现在三家征信公司和 FICO 评分的格局。三是 20 世纪 90 年代到现在的创新阶段。随着人们消费观念转变、居民可支配收入的增长、信息技术的革新以及法律监管和配套措施的成熟，美国消费金融呈现从线下向线上迁移的趋势，征信业也随大数据的普及而更加精准（见表6）。

（2）美国传统消费金融的发展现状。目前，美国是全球消费金融第一大市场。2015 年底，全美消费金融规模已达 12.22 万亿美元，其中不含房产抵押贷款的消费金融规模为 3.54 万亿美元，同比增长 6.55%，而 1950 年，这一数值仅为 250 亿美元。美国消费金融机构主要包括商业银行、信用合作社、消费金融公司、工业银行、储蓄信贷协会以及其他类型贷款机构。美国传统消费金融具有两个鲜明的特征：一是具有灵活、多样的借贷模式以及资产证券化体系；二是具有普及的银行卡组织及信用卡体系。

2. 美国互联网消费金融的发展历程及现状

（1）美国互联网消费金融的发展历程。美国互联网消费金融的发展历程主要分为三个阶段：一是美国传统消费金融信息化阶段。20 世纪 90 年代初期，随着信息化的兴起，美国传统消费金融机构进行了一场信息化革命，互联网成为金融业务的一个内嵌式软件框架，大大加速了美国金融体系一体化进程，并形成了全球性的金融信息化和支付体系。二是纯网络银行探索阶段。1995 年，美国安全第一网络银行 SFNB 成立，其业务处理速度快、服务质量高、存款利率高、业务范围广，在成立后的 2~3 年里最高拥有 1260 亿美元资产，成为美国第六大银行。2000 年前后，互联网发展低谷到来，安全第一网络银行等纯线上金融机构先后被收购。三是新一代互联网消费金融阶段。一方面，互联网信贷业务开创性地发展起来，2005 年，美国第一家 P2P 借贷平台 Prosper 成立，这是美国互联网信贷业务发展的新起点；2007 年，美国最大的网络贷款平台 Lending Club 成立。另一方面，基于智能终端的普及，第三方支付迅猛发展起来，如 Facebook 的 Credits 支付系统、PayPal 的 Digital Goods 微支付系统、Square 公司的读卡系统以及星巴克（Starbucks）的移动支付程序等（见表6）。

表 6　美国传统消费金融和互联网消费金融创新发展历程

时间	创新事件	时间	创新事件
1949 年	Diner's club 推出旅游和娱乐卡	1985 年	车贷证券化
1956 年	MICR 用于磁卡检测及发卡设备	1985 年	零息国库券
1958 年	American express and Carte Blanche 推出旅游和娱乐卡	1986 年	信用卡证券化
1965 年	联邦担保的学生贷款	1987 年	指数 CDs
1965 年	BankAmericard 与其他银行达成协议，VISA 的雏形形成	20 世纪 80 年代末期	推出现代退税预期贷款
1967 年	MasterCard 网络建成，最早的银行间卡组织形成	20 世纪 90 年代早期	Payday lending 发薪日贷款
1970 年	FICO（推出信用评分）	20 世纪 90 年代早期	次级抵押贷款（占据 74% 的抵押贷款市场）
20 世纪 70 年代早期	ATM、ACH 建成	20 世纪 90 年代早期	电子票据支付
20 世纪 70 年代早期	开始出现结构性金融抵押品的资产证券化	1992 年	网上证券交易
20 世纪 70 年代早期	零售系统电子支付出现	1993 年	推出 ETF
1971 年	货币市场共同基金	20 世纪 90 年代早期	电子支票提示
1973 年	NOW 账户	20 世纪 90 年代中期	零售商提供储值卡
1974 年	第一个 MMMF 可用于开支票	20 世纪 90 年代中期	推出 CDO（一种 ABS）
1976 年	指数共同基金	20 世纪 90 年代中期	透支保护
1979 年	综合性人寿保险	1995 年	纯网上银行（Security First Network Bank）
20 世纪 80 年代早期	推出房屋净值信用额度贷款	1999 年	网上支付（PayPal 的前身）
20 世纪 80 年代早期	推出借记卡	20 世纪 90 年代末期	给金融机构提供账户整合和数据分析服务（yodlee.com，cashedge.com）
20 世纪 80 年代早期	可调整利率抵押贷款开始流行	2000 年	移动银行（Harris Bank）
1983 年	推出 CMO（一种 MBS）	2001 年	推出工资卡
20 世纪 80 年代中期	附期权的 ARM 抵押贷款	2005 年前后	网上资金管理网站
20 世纪 80 年代中期	车贷	2006 年之后	Peer Lending（prosper.com，lending club）
1984 年	基金超市		

资料来源：Ryan Andrea, Trumbull Gunnar, Tufano Peter. A Brief Postwar History of US Consumer Finance ［J］. Business History Review, 2011, 85（3）：461 - 498.

（2）美国互联网消费金融的发展现状。目前，美国新一代互联网消费金融主要模式为第三方支付和 P2P 消费信贷。一是以 PayPal 为首的第三方支付机构。目前 PayPal 拥有 1.8 亿全球用户，覆盖 200 多个国家和地区，已实现 25 种外币间的交易。借助于 PayPal 的平台，可以实现在 1000 多家网上店铺、目录和旅行合作伙伴公司使用 Paypal Credit 服务。二是 P2P 消费信贷。美国的 P2P 模式自 2005 年诞生以来，发展十分迅速，其中最为典型的 P2P 网贷平台代表是 Prosper 公司和 Lending Club 公司，它们的一部分业务是通过互联网平台为个体与个体之间提供消费贷款。

（二）美国互联网消费金融对传统消费金融的影响

美国传统消费金融与互联网消费金融在 20 世纪 90 年代将近十年的竞争合作过程中，传统金融机构的互联网化已基本完成，形成了相互依存与融合发展的格局。而 2000 年后，以 PayPal、P2P 为首的新一代互联网消费金融对美国整个消费金融市场来说没有产生巨大影响。

1. 从整体看，美国互联网消费金融未对传统消费金融带来明显冲击

从目前美国消费金融市场格局来看，以 PayPal 为代表的互联网消费金融虽然在线上具有很强的竞争力，但依托商业银行所开展的信用卡消费依然占据美国消费金融市场的最大份额。主要原因在于美国传统消费金融业，如银行业、信用卡业，在新兴互联网消费金融发展前便已经历了互联网的冲击，在 20 世纪末已成功布局互联网消费金融市场。由此，背靠大型商业银行的信用卡组织依托其低廉、庞大的资金来源、跨业务的综合实力、强有力的风控体系以及广泛的客户群体在市场占据中流砥柱的位置。

美国银行业受互联网冲击的历史概览

20世纪90年代初期，迅速发展的新兴互联网金融机构（如网络银行）对传统金融机构特别是商业银行造成了一定的冲击，各类存款的流失速度陡然加快。1990～1994年，美国各类商业银行存款总额的年同比增速不断下降，其中大额定期存款总额的波动幅度最大。在此背景下，商业银行等传统金融机构不得不加快信息化转型，特别是通过开设门户网站并提供在线金融服务等方式应对互联网金融模式的挑战。据统计，在1997年底时，美国开设了网站并提供基本网络金融服务的商业银行和储蓄机构不足1500家，而这一数字到1999年底便飙升至3500家，大约占全美储蓄性金融机构总数的1/3。同期，美国几乎所有的传统金融机构都加大了对互联网项目的投资，传统金融机构对互联网项目的投资占其资讯科技类投资比重的年均增幅高达36%。传统金融机构加快信息化转型的一个直接结果是，商业银行的运营效率和盈利能力得以大幅提高。

2. 从局部看，美国互联网消费金融深化了线上消费金融市场的发展

以PayPal、P2P为首的美国新一代互联网消费金融，主要以其便捷的使用体验、多样化的功能、深度挖掘的消费场景给予用户优质的客户体验，通过庞大的互联网网络和强大的支付渠道，可以更广更快地获得客户，并以其强大的风控和反欺诈系统有效降低坏账率，从而优化和拓展了线上消费金融市场。例如，PayPal Credit依托PayPal在线上第三方支付的强大渠道，通过eBay网购网站以及其天然的支付场景，快速扩展线上消费金融业务。2015年，PayPal总支付规模达2820亿美元，同比增长20%，营业收入为92.5亿美元，同比增长15.2%，仅子公司Paypal Credit净收入为11.2亿美元，同比增长22.0%，坏账率仅为0.29%。由此可见，美国互联网消费金融深化了线上消费金融市场的发展。

（三） 美国消费金融发展的成功经验和先进做法

美国消费金融发展过程中比较成功的经验可归为以下几个方面：

1. 健全的法律体系

伴随着消费金融的快速发展，从 1960 年开始，美国联邦政府及各州逐步制定了一系列专门解决消费金融发展中问题的法案，使得消费金融市场能够公平、透明、效率、安全地运行。例如，《诚信借贷法》对放款人向消费者提供的信息披露做出了严格详细的规定；《公平催收行为法》则规范了贷方或催收机构与消费者之间的关系（见表7）。

表 7　美国消费金融法律体系

时间	法案
1950 ~ 1960s	《诚信借贷法》、《公平住房法》
1970s	《公平信用报告法》、《证券投资者保护法》、《银行保密法》、《平等信贷机会法》、《公平信用结账法》、《职工退休收入保障法》、《房屋抵押贷款披露法》、《平等机会信贷法修正案》、《公平催收行为法》、《破产改革法》、《马凯特判决》
1980s	《货币控制法》、《可选择抵押贷款交易平价法》、《加恩—圣杰曼存款机构法》、《税务改革法》
1990s	《诚信储蓄法》、《住房所有权及权益保护法》、《信用修复机构法》、《户主保护法》、《金融服务业现代化法》
2000s	《爱国者法案（了解你的客户规则）》、《公平准确信用交易法》、《养老金保护法》、《联邦住房金融监管改革法》、《信用卡法案》
2010s	《多德—弗兰克华尔街改革及消费者保护法》

资料来源：Ryan Andrea, Trumbull Gunnar, Tufano Peter. A Brief Postwar History of US Consumer Finance [J] . Business History Review, 2011, 85 (3): 461 – 498.

2. 完善的征信体系

20 世纪 60 年代以前，美国征信体系主要为上千家信用评级机构搭建而成。60 年代以后，部分地方征信局开始整合全国性征信网络，覆盖全美的征信体系初步成型。1970 年，FICO 发布了全美信用评分体系，Equifax 完成公司信用评级数据库搭建，1996 年，Experian 成立。自此，美国消费金融开始以美国三大征信机构为支持开展业务，现已覆盖 85% 的美国公民和 90% 的金融机构[①]。

3. 严格的监管体系

一方面，美国一直实行机构型监管和功能型监管相结合的"双重多头"金融监管体制，但在经历了信息化冲击和次贷危机的冲击后，对金融监管体系进行了重大变革。例如，监管重心向监管金融市场系统性风险转变、规范金融产品交易、优化金融监管体系组织结构、扩大监管范围、保护消费者权益。另一方面，美国也对互联网消费金融监管进行了调整与加强。例如，美国对于互联网银行补充了新的法律法规，使原有监管规则适用于网络电子环境；将网络信贷纳入证券业监管，侧重市场准入和信息披露；将第三方网络支付用现有和增补法律约束，由联邦存款保险公司负责监管。

4. 灵活且多样的金融体系

美国资产证券化市场非常发达，尤其是抵押贷款市场和资产支持证券市场，它不仅给消费金融市场提供了充足的流动性，也给消费者提供了自主和多样的投资渠道。随着计算机的普及以及互联网时代的到来，P2P 借贷成为消费者的新选择，一些具有消费、支付场景的电商，如 PayPal Credit、Amazon Store Card 也纷纷提供信用支付和分期支付服务。

（四）美国消费金融发展过程中未解决的难题

1. 监管理念、监管技术滞后于金融创新

美国一直以来的金融监管理念是市场约束机制就是最好的监管者，

---

① 资料来源：Wind 资讯。

而政府对金融监管过多是低效率的，不利于金融资源的优化配置。但这种监管体制在次贷危机中充分暴露了其监管重叠、监管真空和监管失控的问题。这让美国政府意识到其市场导向的微观审慎监管理念并不能跟上日新月异的金融创新。现在，美国正在加强金融监管，改善和提高金融监管技术，借助于监管架构、监管规则的调整，改善原体制对金融体系的不适应，并尽量将所有的金融产品、金融市场参与者置于金融监管下。

2. 严格的信息披露制度依然存在漏洞

针对网络信息冲击，美国从1995年开始便加强了证券法规建设，规范网络信息披露，建立了电子数据库，强化了信息监管力量，更强调信息的真实性、缩短披露间隔时间、增加披露内容、加大惩罚力度。但即使这样，美国互联网消费金融依然出现了严重的信息披露问题，如 Lending Club 信息披露违规等，使得美国财政部于2016年5月发布了《互联网信贷市场发展机遇与挑战》，要求互联网信贷行业建立标准化信息披露制度，政府部门官方数据信息将支持安全和可负担的信贷规模扩张。

3. 金融消费者权益保护、个人信息保护依然问题较多

美国金融消费者保护局发布的2015年消费者反馈报告指出，美国消费者遇到最多的问题主要包括非本人债务偿还、未告明债务偿还、有误信用报告、信用卡欺诈纠纷、消费贷款欺诈、消费金融产品条款未披露完全、消费贷款个人信息隐私未保护等。由此可见，在美国这种消费金融发达、法律监管及征信环境较为完善的国家，金融消费者权益保护、信息保护也同样存在很多问题。美国政府从2010年开始，通过出台法案、进行研究报告指引、建立权益保护报告反馈机制等方式不断提升消费者对消费金融的了解程度，强化其消费金融知识、普及案例，尽可能保护金融消费者权益。

五、我国互联网消费金融对传统消费金融的影响与冲击

（一）我国传统消费金融与互联网消费金融的市场发展前景及情况对比

1. 我国消费金融的市场发展前景

随着我国经济稳步增长，居民消费支出逐年扩大，消费金融市场前景可期。一方面，2014 年①，我国最终消费支出 32.8 万亿元，同比增长 9.3%，其中居民最终消费支出 24.3 万元，同比增长 10.4%（见图 5）。2015 年，我国最终消费对 GDP 增长的拉动和对 GDP 增长的

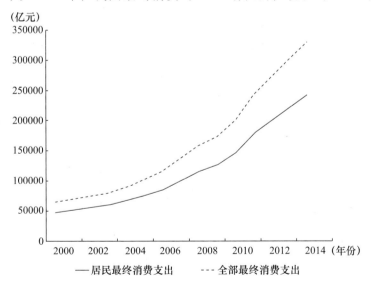

图 5　我国全部最终消费支出和居民最终消费支出

资料来源：Wind 资讯。

---

① 国家统计局没有正式公布 2015 年我国最终消费支出相关数据。

贡献率分别达到4.2%和60.9%（见图6），这说明我国消费金融市场具有很强的市场潜力。另一方面，假设美国消费金融市场规模是我国消费金融市场规模的未来发展方向，截至2015年，我国消费贷款余额占GDP比例约为美国的1/3（见图7），说明我国消费金融市场具有巨大的发展前景。

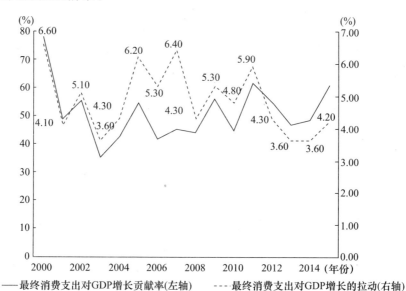

——最终消费支出对GDP增长贡献率(左轴)　----最终消费支出对GDP增长的拉动(右轴)

图6　我国最终消费对GDP的拉动和贡献

资料来源：Wind资讯。

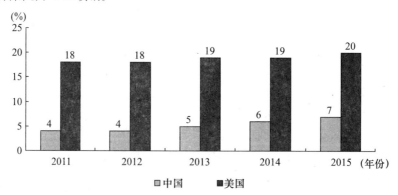

□中国　■美国

图7　中美消费贷款余额占GDP比例对比

注：我国消费贷款为住户短期消费贷款，美国消费贷款为不含住房抵押消费贷款。

资料来源：中国人民银行、美联储、Wind资讯。

2. 我国传统消费金融与互联网消费金融的总量对比

目前，互联网消费金融在我国消费金融市场中的金额份额占比较小，但在用户规模上有巨大的发展潜力。一方面，2015 年，移动互联网市场中移动购物市场规模为 2686.3 亿元，交易规模为 21022.0 亿元（见图 8、图 9）；2015 年，我国互联网消费金融市场交易规模为 332.80 亿元（见图 10）；而 2015 年末，我国金融机构本外币住户贷款短期余额和中长期消费贷款余额分别为 4.11 万亿元和 14.85 万亿元（见图 11），说明互联网消费金融的金额份额占比较小。另一方面，我国互联网用户规模逐年攀升，截止到 2015 年末有将近 8 亿用户，约占我国总人口数的 60%（见图 12、图 13），说明我国互联网消费金融在以用户规模为份额标识的市场发展潜力巨大。

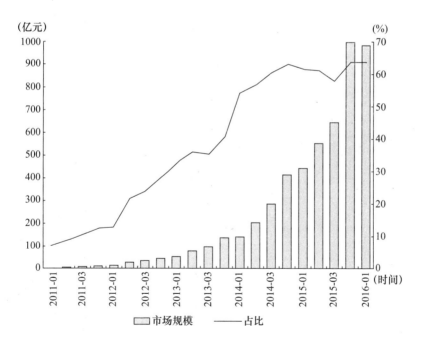

图 8 我国移动互联网市场移动购物市场规模（营业收入）及占移动互联网市场规模比例

资料来源：Wind 资讯。

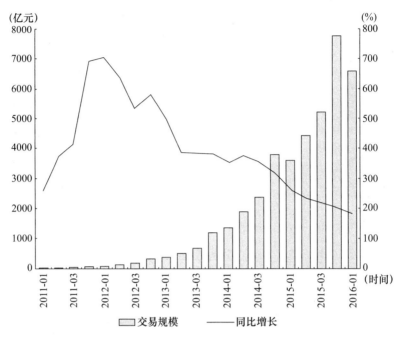

图9 我国移动互联网市场移动购物交易规模

资料来源：Wind 资讯。

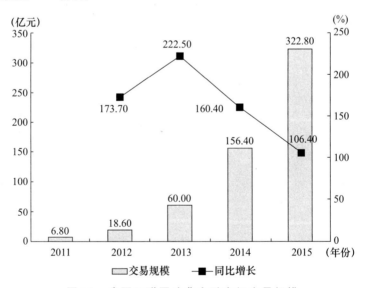

图10 我国互联网消费金融市场交易规模

资料来源：Wind 资讯。

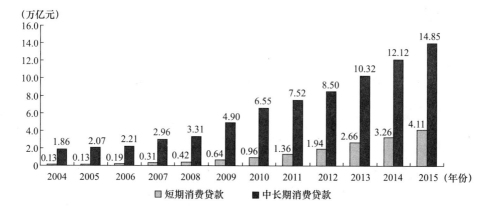

图 11　我国金融机构本外币住户贷款短期余额和中长期消费贷款余额

资料来源：Wind 资讯。

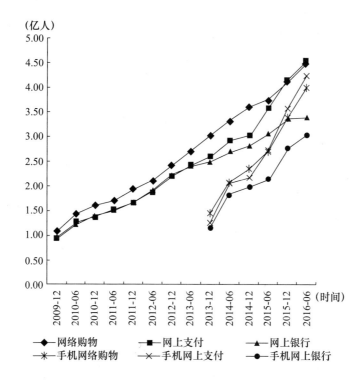

图 12　我国网络及手机网络应用用户规模

资料来源：Wind 资讯。

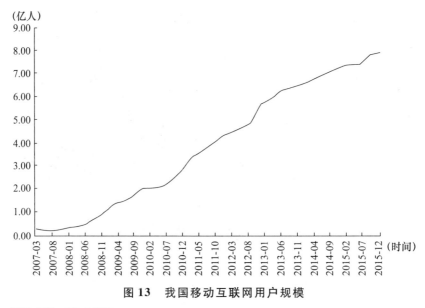

图 13　我国移动互联网用户规模

资料来源：Wind 资讯。

3. 我国传统消费金融与互联网消费金融的特性对比

首先，从业务模式看，传统消费金融与互联网消费金融业务具体形式基本相似，但是业务与消费产业结合的方式存在差异。相对来说，互联网消费金融和汽车金融公司的消费金融业务与消费产业，与商户、客户联系得更紧密（见表 8）。

表 8　我国传统与互联网消费金融业务模式、特点及问题对比

	传统消费金融			互联网消费金融
	银行	消费金融公司	汽车金融公司	
业务模式	个人消费贷款	直接支付模式	比较传统融资的分期付款模式	以自有场景为主线的消费金融平台。主要包含电商系、产业系。提供分期、赊账、现金贷款等
	信用卡	受托支付模式	销售与租赁相结合的汽车融资租赁模式	以他人场景为依托的消费金融平台，主要包含支付、征信系和网贷系。提供分期、赊账、现金贷款等
	—	循环信用模式	—	—

续表

	传统消费金融			互联网消费金融
	银行	消费金融公司	汽车金融公司	
主要特点	客户资源丰富，客户数据信息详尽	业务门槛低，服务低收入消费群体	与汽车产业联系紧密	有供应链依托，场景丰富，业务门槛低，精准服务线上和线下客户
	风控手段完善，风险管理经验丰富	功能定位小额分散	渠道优势显著，能够提供全方位综合服务	风控技术高，运营效率高，服务高度便捷
	资金规模充裕，资金成本较低	服务高度便捷	融资产品更具专业性和针对性	与金融机构、商户合作广泛，融资方面存在局限，也有政策监管风险
	消费金融产品丰富，模式灵活	运营方式多样，获客渠道灵活	—	—
存在问题	鼓励业务创新的环境需要完善	消费金融业务法律法规缺失	汽车金融公司业务范围狭窄	互联网消费金融法律制度不完备
	获取的客户数据相对滞后	新消费金融形势下的风险管理能力不足	汽车金融市场结构不合理	互联网消费金融未能得到有效管控
	商业银行消费金融业务办理复杂，审批效率低	业务受限，在市场竞争中处于不利地位	汽车零售融资业务品种单一	互联网消费金融融资渠道有限，流动性支持较弱
	运营成本高，人力物力需求量大	—	—	互联网金融信息尚需纳入人民银行征信数据，风控体系难以完全对冲信用风险

资料来源：人民银行中关村中心支行。

其次，从运营体系看，传统消费金融与互联网消费金融在风控体系、审贷和服务效率上存在差异。相对来说，互联网消费金融机构利用新一代信息技术搭建了高效、多维的风控模型体系，具有更高的审贷和服务效率（见表8）。

最后，从市场环境看，传统消费金融与互联网消费金融主要在目标客户群体、监督管理、信息获取、资金支持方面存在差异。相对来说，传统消费金融机构目标客户主要偏中高端，在业务、风控方面受到更多监管限制，关键信息获取能够依靠央行征信系统，拥有一定特殊的融资权力，可以获得更多形式的资金；互联网消费金融机构则几乎没有监管，能够获取的关键性信息有限；能够获得的资金支持有限（见表8）。

（二）我国互联网消费金融对传统消费金融的正面影响

1. 互联网消费金融为传统消费金融提供了有效补充

互联网消费金融与传统消费金融在监管制度、受众人群、风控模型、审贷时间、消费用途、地域限制、信贷额度和期限等方面均有较大差异，从而形成了有交叉的错位竞合。传统消费金融市场主要是商业银行信用卡和零售业务、汽车金融公司、消费金融公司为能够达到传统消费金融机构资质要求的消费群体提供相对大额消费金融服务。而互联网消费金融以其打破地域限制、客户和业务范围边界的特点，借助互联网大数据技术快捷地为特定信誉、行为和场景的消费群体提供相对小额的消费授信或信贷，弥补了传统消费金融机构审贷时间较长，受地域、消费用途限制，受信贷额度、期限限制和传统风控标准限制的不足，扩大了消费金融市场受众面。

2. 新一代信息技术给传统消费金融提供了提升运行效率的解决渠道

互联网消费金融运用新一代信息技术，为传统消费金融在风控、审贷方面提供了提升运行效率的解决方式。一是在风控方面，大数据信息技术为收集并分析各种维度的用户行为信息，使风控模型更加精准和效率。通过描绘客户画像的方法精准定位用户习惯与需求，同时实时监测欺诈行为，在最大化控制企业风险的条件下，为用户提供便利的消费金融服务。二是在审贷方面，信息技术使审贷去人工化因而更迅速。传统消费金融业务审核流程较为繁琐，互联网消费金融平台让银行、消费者、经销商之间的互动更加灵活，贷款申请流程大大简化，尤其是对于消费者来说，可以通过平台实时监控贷款审批流程，甚至是即时审贷，提高用户体验。

3. 互联网消费金融为产融结合提供了发展方向

互联网消费金融的线上供应链金融开发较为完善，如天猫和京东，积聚了商品供销的上下游企业，形成了完整的供应链或产业链，不仅积累了各方信息，还通过无现金分期的消费金融的方式，为客户提供了精准便利的消费体验，提高了用户黏性，降低了现金使用率，为产融结合提供了一种发展方向。例如，使用京东自营产品的白条分期，借款人不得到消费现金贷款，而是得到在线分期购买自营产品的权利，这种放贷方式不仅锁定了信贷用途，给京东提供了零风险的信贷收益，同时京东还帮商户提高了销售量，为用户提供了消费便利。

（三）我国互联网消费金融对传统消费金融的负面冲击

1. 互联网消费金融部分挤占传统消费金融市场份额

互联网消费金融与银行信用卡、高端汽车金融公司层面尚未形成很明显的竞争。但在消费金融公司、银行零售业务和部分支付业务方面形成了较为直接的竞争，由于传统消费金融机构在监管政策方面受限制，新一代信息技术的运作能力较为欠缺，互联网消费金融部分挤占了传统消费金融机构中低端客户的市场。例如，余额宝余额从 2013 年初的约 40 亿元增长到 2016 年初的约 8160 亿元，在一定程度上反映出互联网金融对传统金融市场的挤占趋势（见图 14）。

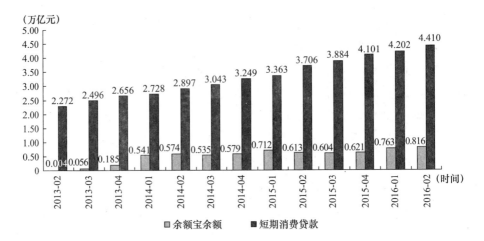

图 14　余额宝余额和我国本外币住户短期消费贷款余额对比

资料来源：Wind 资讯。

2. 互联网消费金融野蛮生长加大系统性金融风险

网贷系消费金融平台野蛮生长，虽然扩展了消费金融市场，但由于此类平台场景端用户基础较为薄弱、缺乏自身的风控平台、资金来源不稳定和债权转让的高风险，都会给互联网消费金融体系带来风险。如果网贷平台出现大规模信用违约欺诈风险，将给此类消费金融平台及其用户带来很大的冲击，引发系统性金融风险和社会问题。

3. 互联网消费金融给消费金融行业信息安全带来隐患

互联网消费金融发展高度依赖技术和网络，风险传递快，外部性强，信息安全问题频发。例如，2013 年 3 月，仅谷歌搜索引擎就抓取了支付宝泄露的大量用户账户隐私信息，包括付款账户、收款账户、付款金额、收款人姓名及联系方式。我国互联网消费金融信息安全问题集中体现在：业务系统安全和业务连续性问题、信息数据安全风险、客户端认证风险、信息安全应急处置水平、信息标准规范缺失等。

（四）我国互联网消费金融对传统消费金融影响的内在原因

我国互联网消费金融对传统消费金融影响与冲击的内在原因，从客观条件看主要是消费需求升级和信息技术进步；从主观发展看主要是行业升级的趋势使然和企业竞合过程的结果呈现。

1. 经济、收入增长和消费习惯、消费观念转变提升消费需求

财富的增长和消费习惯、观念的转变扩大了消费金融市场空间。一是随着我国经济总量逐步扩大、人均可支配收入逐年增长，我国居民消费意愿逐年增高。截至 2015 年底，中国国内生产总值近 68 万亿元，同比增长 6.9%；人均可支配收入为 2.2 万元，同比增长 8.9%；社会消费品零售总额为 30 万亿元，同比增长 10.7%。二是随着互联网大数据时代的到来，我国消费者消费习惯和消费观念的转变提升了消费需求。例如，我国互联网消费方式逐渐普及，据 2014 年国家统计局在全国开展网购用户专项调查数据，网购用户网购替代率[1]达 78%，主要原因是网购价格实惠、节约时间、选择多样。再如，超前、追求生活品质的消费观念已渗入广大年轻消费者的心，有一项不完全调查显示有 57% 的"90 后"受访者表示"敢用明天的钱"[2]。

2. 新一代信息技术不断革新，为提高消费金融运行效率、促进产融结合提供了可能

以新一代信息技术为依托的产融结合创新业态已成为发展趋势，企业和金融机构通过产业升级与业务创新，促进现代金融体系与实体经济更紧密的对接，帮助实体解决融资难、融资风险控制等问题，进而构建金融资本与实体经济融合发展、良性互动的产业形态。通过互联网平台，金融可以实现产业的互补，还可以降低企业的风险，同时金融行业所带来的利润可以回报产业发展，实现产业"金融疏通血

---

① 网购替代率是网购用户线上消费对线下消费的替代比率。
② 资料来源：搜狐网，http://money.sohu.com/20140917/n404355492.html。

液，产业提供利润"的良性循环。

3. 不可阻挡的产融结合大趋势，使得互联网消费金融异军突起

随着我国科技进步和社会经济的发展，金融与消费产业的融合已成为一种不可阻挡的发展趋势。以美国为例，20世纪90年代，随着美国科技不断突破和社会经济的繁荣发展，美国消费金融业率先经历了信息技术的冲击，经过不到十年的激烈竞合，基本已形成了以三大组织为主体的消费金融市场体系，而随后以PayPal为首的新型互联网消费金融已无法切实影响美国消费金融体系。我国传统消费金融业的互联网化已经发展了20多年，但我国金融体制加速发展的活力与动力有待提高，在余额宝冲击传统金融体系前，我国传统消费金融业大约处于美国20世纪90年代的发展水平，但现在面临的环境已与美国当时的情况不同，以阿里、腾讯、京东为首的新型互联网消费金融异军突起，迅速弥补了传统消费金融业的不足，覆盖了我国大部分用户，挤占了部分传统消费金融市场。当然，对于我国金融监管部门来说，这也带来了难以估计的风险。

4. 互联网消费金融以"体验为王、经营客户"的理念迅速持续锁定忠诚广泛的消费终端，激发了消费金融市场的激烈竞合

互联网消费金融的出现开启了我国消费金融市场全面升级的趋势通道。互联网消费金融公司以"体验为王、经营客户"的理念，冲击了部分传统消费金融机构长期以来"相对重视资金而忽视客户体验"的习惯。用户是厂商、金融机构发展的源泉，最贴近优质客户的公司发展才会有可持续性。例如，京东运用大数据和消费场景，精准服务于用户的消费习惯、偏好，给用户带来高品质的消费体验和金融服务，虽然该公司利润持续下滑，但其上千万的高黏性用户成为其未来发展的优质筹码。因此，这种理念帮助互联网消费金融公司持续锁定了忠诚广泛的用户群体，同时也刺激和强化了传统消费金融机构的转型动力。

（五）对我国传统和互联网消费金融发展趋势的预判

基于对我国消费金融行业现状及前景的分析，通过探讨我国互联网消费金融对传统消费金融影响及原因，结合美国消费金融发展历程及经验，我们做出如下判断，以供探讨：

1. 我国传统消费金融和互联网消费金融未来将优势互补、竞合融合、前景可期

互联网消费金融[①]的主要优势在于：具有运用新一代信息技术的信息驾驭能力；具有高效快捷的风控、运行体系；具有完善的供应链体系；具有高黏性客户群体。传统消费金融的主要优势在于：具有人民银行征信信息和多年积累的客户信息资源；具有严格的风控体系；具有金融机构牌照、资金优势；具有高端客户群体。未来传统消费金融和互联网消费金融在关键信息共享与使用、风险识别与控制、资金互补、提高运行效率、提高用户黏性、促进产融结合方面均有合作和竞争的空间。随着我国科技进步和经济发展，消费金融市场前景广阔，将会形成以拥有可持续的中高端客户群体为竞争焦点、以产融结合为导向的消费金融体系。

2. 电商系互联网消费金融产融结合模式将逐步影响传统金融体系与消费产业并促进其进一步融合

像京东金融、蚂蚁金服的产融结合模式将支付、交易结算、收单、商户、消费者关联在一起形成支付闭环网络，不仅可以简化交易流程，提高资金流和物流的把控能力、降低违约欺诈风险，还可以获得海量、完整的用户和供应商数据。通过对这些海量的数据建立模型及分析，电商可以更好挖掘新商户、加深商户关系，减少欺诈风险，为商户提供目标市场定位、市场宣传等增值服务，同时可以通过场景消费驱动吸引更多高黏性的消费群体。这种产融结合的模式将会逐步影

---

① 此处互联网金融主要指电商系互联网金融。

响传统金融体系，从而促使金融与消费产业进一步融合。

3. 金融监管部门在消费金融领域逐步发挥更深度的数据监测、趋势预测和金融稳定的作用

随着新一代信息技术的发展，实体经济的发展对金融监管部门数据收集、监测、分析和预判的要求将逐步提高。由于金融监管部门可以获得管辖范围内所有金融机构的数据，数据包括但不限于外汇、征信和支付体系的数据，有可能为金融机构渗透消费产业和促进消费产业发展提供更完善的关键信息支持，提供趋势发展的参考性预期引导，能够为维护金融稳定提供先行或实时预警。

六、政策建议

（一）完善法律制度，加强监管深度，规范消费金融行业发展

1. 完善消费金融行业法律制度建设

健全的法律法规是消费金融业发展的重要基础，建议完善消费金融行业法律制度建设，尽快将互联网消费金融纳入法律法规范围。消费金融发达的美国制定了一系列专门针对消费金融的法律，如 1968 年的《诚信借贷法》、1974 年的《统一消费信贷法典》、2000 年的《信用卡法案》，这些法律不仅推动了消费金融市场的透明、公平和安全，而且为其消费金融市场长期稳定的发展构筑了良好的环境。制订具体的、可操作的法律法规，既能促进消费金融，又能防范金融风险，也有利于共同培育良好的消费金融市场，促进经济的健康发展。

2. 加强对互联网消费金融有效管控

建议将互联网消费金融纳入监管体系，运用信息技术精准监控其

资金流、信息流、资产流情况及合规经营，防范可能引发的系统性金融风险，维护金融稳定。目前，互联网消费金融在准入门槛、资产质量、资产规模、资金情况、信息使用等方面均有待规范，一旦经营不善，将直接导致个人及企业客户的经济损失，进而可能间接影响传统消费金融机构的新增贷款申请质量及已发放贷款客户正常还款行为。

3. 完善金融消费者保护机制

建议进一步完善金融消费者保护机制，修订《消费者权益保护法》及相关金融类核心法律，加强对提供信用卡消费、抵押贷款消费及其他贷款消费金融产品和服务的金融机构监管，加大金融消费者教育力度，完善金融消费纠纷受理处理机制，维护消费者正当权益。

（二）完善市场环境，促进消费金融公平、效率的运转

1. 逐步完善社会征信体系建设

建议逐步完善社会征信体系，将互联网消费金融信息纳入征信体系，加快建立全覆盖的个人信用信息数据库，推进互联网金融行业数据、个人商业信用数据、个人税收、个人公积金、社保、医保、房产数据整合，逐步形成覆盖信息多元、人群广泛的个人征信数据库；推动消费金融机构完善风控体系，建立消费领域新产品、新业态、新模式的信贷风险识别、预警和防范机制，提升金融机构风险防控能力。

2. 完善信息披露制度

建议完善信息披露制度，建立统一标准、可追溯、可持续的产品、业务及行业信息披露机制；鼓励金融服务行业独立建立贷款和信息库级别的披露和报告标准；利用政府部门官方数据信息支持和完善信息披露环境。通过充分、合理的信息披露，降低消费金融业务的信息不对称性，引导形成公平、公开的市场环境，有效保护消费者权益，提高消费者履约主动性。

3. 培育良好消费支付环境

便捷的支付方式、良好的消费环境对消费的提升作用是非常重要的。一是应进一步完善信用卡消费环境，扩大银行卡使用范围，改善小城镇、农村集市、商业聚集区银行卡受理环境，提高用卡便捷度。二是应进一步完善银行账户清算体系建设，维护和规范支付环境。在互联网消费日益成为主流消费方式的电子商务时代，政府部门可从全局出发，着力完善支付体系、银行账户清算体系建设，整合商业银行的网上支付体系和第三方支付平台，促进移动支付、互联网支付等新兴支付方式规范发展，为消费者提供安全、高效、便捷的消费金融服务。

4. 加强信息安全保护体系建设

随着物联网时代的到来，虽然互联网信息技术给我们的工作生活带来了巨大的便利，但同时也带来了不可想象的安全隐患。建议加强信息安全保护体系建设，加强对消费金融信息安全的调研，加快推进安全评估测试，完善从事金融行为尤其是互联网消费金融的企业信息基础设施和重要信息系统建设，提高信息化水平和信息安全水平，妥善保管客户资料和交易信息，保障信息安全。

（三）以"经营客户"为导向，引导传统消费金融机构和互联网消费金融机构融合发展

1. 学习"体验为王、经营客户"的理念，引导传统消费金融与消费产业深度融合

建议引导传统消费金融机构学习互联网消费金融"体验为王、经营客户"的理念，运用新一代信息技术，获得或保持具有可持续性的高黏性中高端客户，推进传统消费金融机构与消费产业的深度融合。可借鉴学习传统消费金融与消费产业深度融合的成功案例——美国运通的发展历程，其以"支付闭环体系"整合整个上下游产业链；以"消费驱动模式"，刺激客户实现高消费额，带动商户数量增加、营收增长；以提供优质服务和强大的会员奖励计划吸引、维护高净值客户的优质消费体验，与客户、商户实现三方共赢。

2. 积极推进新一代信息技术应用，提高传统消费金融行业运行效能

建议传统消费金融机构积极推进新一代信息技术的广泛应用。在风险控制方面，加强数据信息收集、整合，提高对风险监测、识别的能力，研发具有实时监测能力的风控系统。在精准营销方面，提高消费场景意识，关注客户偏好与习惯，运用画像法，提高营销效率。在业务流程方面，提高贷前、贷中、贷后全流程的运行效率，降低操作风险。

3. 加强流动性支持，拓展投融资渠道，为消费金融行业提供融资便利

建议加大流动性支持，为消费金融行业提供融资便利。建立多元化的融资渠道，对从事消费金融领域的公司适度放宽其融资条件，简化金融产品发行核准程序，降低融资成本，采取有效措施把控流动性风险。例如，支持个人汽车、消费、信用卡、电商消费金融等消费信贷资产证券化，盘活信贷存量，扩大消费信贷规模，提升消费信贷供给能力，拓宽投融资渠道。

4. 支持互联网消费金融在可控条件下持续创新，保持消费金融行业活力

互联网消费金融的创新是对传统消费金融体系运行不足的一种补充和突破，为传统金融体系缓慢的发展敲响了警钟，也为传统金融机构未来发展提供路径。建议支持互联网消费金融在总量可控、风险可控的条件下持续创新，实现互联网金融业态实时的总量可控、风险可控，促进金融业的良性竞争，保持消费金融行业活力。

参考文献

［1］Ausubel L. M. The Failure of Competition in the Credit Card Market［J］. American Economic Review, 1991: 50 – 81.

［2］Allen F., Mcandrews J. and Strahan P. E – finance: An Introduction［J］. Journal of Financial Service Research, 2002, 22（1 – 2）: 5 – 27.

［3］ Bertola G. , Disney R. and Grant C. The Economics of Consumer Credit ［M］. MIT Press, 2006.

［4］ Bucks B. , Kennickell A. , Mach T. and Moore K. Changes in U. S. Family Finances from 2004 to 2007: Evidence from the Survey of Consumer Finances ［R/OL］. http://www. federalreserve. gov/pubs/bulletin/2009/pdf/scf09. pdf.

［5］ Brito D. L. and Hartley P. R. Consumer Rationality and Credit Card ［J］. Journal of Political Economy, 1995 (103): 400 - 433.

［6］ Durkin T. A. Credit Card: Use and Consumer Attitudes, 1970 - 2000 ［J］. Federal Reserve Bulletin, 2000: 623.

［7］ Campbell John Y. , Jackson Howell E. , Madrian Brigitte C. and Tufano P. The Regulation of Consumer Financial Products: An Introductory Essay with Four Case Studies ［J］. HKS Faculty Research Working Paper Series, 2010.

［8］ Merton R. C. and Bodie Z. A Conceptual Framework for Analyzing the Financial Environment ［J］. The Global Financial System: A Functional Perspective, Cambridge, MA: Harvard Business Press, 1995.

［9］ 陈文，雷禹. 大数据应用：推进消费金融业务的利器 ［J］. 新金融, 2016 (1): 32 - 35.

［10］ 冯科，何理. 互联网消费金融的创新 ［J］. 中国金融, 2016 (11): 32 - 34.

［11］ 冯彦明，程都. 美国消费者金融公司的运营环境及启示 ［J］. 中国金融, 2010 (6): 71 - 72.

［12］ 冯金辉. 中国消费金融公司发展研究 ［D］. 兰州大学硕士学位论文, 2010.

［13］ 龚丹丹，张颖. 互联网金融模式下消费信贷的比较及风险控制研究 ［J］. 征信, 2016 (1): 82 - 85.

［14］ 黄小强. 我国互联网消费金融的界定、发展现状及建议 ［J］. 武汉金融, 2015 (10): 39 - 41.

［15］ 黄志凌. 消费金融发展探索 ［J］. 中国金融, 2016 (11): 24 - 26.

［16］ 姜宝泉，谭莹. 消费金融与银行转型 ［J］. 中国金融, 2016 (11): 35 - 36.

［17］ 纪崴. 消费金融：创新与发展 ［J］. 中国金融, 2015 (11): 96 - 99.

［18］ 康莉莹.《消费金融公司试点管理办法》评析及完善 ［J］. 金融与经济,

2011（4）：66 - 69.

［19］李晗．消费金融公司的国际经验与启示［J］．银行家，2013（11）：14 - 17.

［20］李新祯，郭兴平：我国商业银行汽车消费金融问题研究［J］．银行家，2013（11）：18 - 21.

［21］李燕桥．全产业链金融支持与商业银行汽车消费金融发展［J］．经济研究参考，2014（17）：54 - 56.

［22］廖理，张金宝．城市家庭的经济条件、理财意识和投资借贷行为——来自全国 24 个城市的消费金融调查［J］．经济研究，2011（S1）：17 - 29.

［23］宋文昌．消费金融公司发展趋势［J］．中国金融，2016（11）：27 - 29.

［24］宋锦航．消费金融发展探索［J］．中国金融，2015（24）：86 - 87.

［25］王兵．互联网 + 消费金融的优势［J］．中国金融，2015（22）：46 - 47.

［26］王磊．消费金融助推商业银行战略转型［J］．银行家，2013（4）：68 - 71.

［27］锡士．消费金融说发展［J］．上海金融，2010（3）．

［28］尹一军．互联网消费金融的创新发展研究［J］．技术经济与管理研究，2016（6）：67 - 71.

［29］叶湘榕．互联网金融背景下消费金融发展新趋势分析［J］．征信，2015（6）：73 - 77.

［30］朱小黄．消费金融推动银行转型［J］．中国金融，2014（1）：41 - 43.

［31］郑良芳．充分发挥消费金融对经济增长的拉动作用——对金融业促进建立消费需求长效机制的研究［J］．金融与经济，2014（8）：19 - 21 + 76.

［32］张学江，荆林波．我国消费金融服务业发展现状及政策选择［J］．南京社会科学，2010（11）．

跨境电子商务与互联网金融的融合与监管研究

赵理想等 *

一、引言

近年来，跨境电子商务作为一种新型贸易业态，依托快速发展的互联网技术，突破传统贸易在时空上的限制，不断利用其便利、快捷和扁平化的优势拓展生存空间。跨境电子商务的蓬勃发展对金融服务也提出了新的要求，而传统金融产品模式往往难以满足跨境电商的个性化金融需求，互联网金融的兴起开启了"互联网金融＋跨境电商"模式的探索。一方面，电商平台充分利用大数据优势纷纷涉足互联网金融领域，延伸出互联网金融服务功能；另一方面，互联网金融行业针对跨境电子商务发展趋势，持续改进交易模式，创新金融产品，将跨境电商金融服务作为业务拓展的重点领域。

目前，产生于电子商务的互联网金融正与跨境电子商务相互融合、相互影响，深刻地改变着中国的贸易与金融版图。跨境电子商务的发

* 赵理想：供职于中国人民银行营业管理部经常项目管理处。参与执笔人：叶欢、陈莉莉。其中，叶欢供职于中国人民银行营业管理部经常项目管理处；陈莉莉供职于中国人民银行营业管理部外汇综合处。

展为互联网金融带来了巨大的市场空间，成为互联网小额信贷、供应链金融等金融产品的重要销售渠道；互联网金融极大地解决了跨境电子商务在发展过程中的多样化金融服务需求，提供了坚实的支撑服务体系。随着电子技术的发展，跨境电子商务与金融服务的融合必将更加紧密和深化，但在这种融合过程中，不可避免地出现了诸多风险，业务创新与传统监管体系之间的矛盾也日益突出。本文深入研究当前跨境电子商务和互联网金融的融合状况，分析融合过程中存在的风险，梳理当前监管现状，并针对电子商务与金融服务深入融合的发展趋势，提出政策建议。

二、跨境电子商务与互联网金融的融合状况

（一）跨境电子商务与互联网金融融合的机理

一是互联网技术的广泛应用为融合提供了技术基础。互联网技术的普及加快了信息传递和处理的速度，使交易成本大大降低，推动传统的商业活动与金融服务逐步实现电子化、网络化，为跨境贸易电子商务与互联网金融的融合提供了技术上的可能性。借着互联网发展的浪潮，电子商务行业进入高速发展时期，尤其是跨境电子商务发展迅猛，而传统金融机构也不断采用新技术改善服务渠道，向互联网金融模式转变。互联网平等、开放、合作和分享的特质，使得跨境贸易电子商务交易与互联网金融之间建立了密切的联动关系，金融业将传统金融业务模式向电子商务模式转变，而电子商务平台基于其内在的金融需求不断向金融业迈进。

二是宽松的政策环境为融合提供了政策保证。跨境电子商务的发展对促进我国外贸转型升级、推动经济增长起到了重要作用。政府部门连续出台多项利好政策支持跨境电子商务发展，对于电商平台企业

从事的金融创新活动也给予默许和支持，截至 2015 年底，人民银行已向 270 家企业发放了第三方支付牌照。金融管制的放松及政府对电子商务发展的积极态度，为电商平台企业拓展互联网金融业务提供了政策保障，促进其依托云计算、大数据等技术，把用户场景和金融融合在一起，为客户提供创新金融服务。

三是二者具备相同的客户群体为融合提供了市场空间。跨境电子商务门槛低、覆盖面广，聚集了大量的中小微企业和个体工商户从事跨境贸易，此类群体由于经济实力较差、经营不够稳定，面临资金短缺时很难从银行取得资金支持。而互联网金融的服务对象同样覆盖了中低端客户，以信息透明、高效快捷的优势走普惠金融模式，能够有效满足小微企业的融资需求。因此，二者的服务都面对中低端客户群体，其服务对象呈现同质化这一特点，这为实现跨境电子商务与互联网金融的市场对接和业务融合提供了有效的市场空间。

（二）跨境电子商务与互联网金融融合的表现

1. 跨境电商平台互联网金融服务功能的延伸

跨境电子商务是指分属不同的交易主体，通过电子商务平台达成交易、进行支付结算，并通过跨境物流送达商品的一种国际商业活动。电商平台是网上贸易的集散地，有贸易的地方自然有各种金融需求。最初，电商平台企业仅是为买卖双方提供沟通和交易的网络平台，但与传统的线下交易不同，电子商务存在商品和货币交付不同步的问题，信息不对称导致买卖双方都面临着逆向选择和道德风险，从而使交易难以达成，于是衍生出对互联网支付方式的需求，第三方支付服务应运而生。也就是说，由电子商务平台企业担当信用中介，先收取买家款项，待其收货后将款项支付给卖家，第三方支付业务为交易双方提供信用保障，有效解决了信用风险和违约风险问题，极大地促进了电子商务的发展。第三方支付是电商平台最先涉足的金融领域，随着业务规模的壮大，电商平台积累了大量的客户数据，掌握了客户的经营状况、现金流状况和风险状况，通过对这些历史交易信息的采集整合形成了大数据，利用云计算和搜索引擎等先进技术，为进入金融领域提供了切实可行的实现路径，在提供支付服务的基础上，为客户叠加提供小额贷款、供应链金融等业务，逐渐拓展出信贷、理财、保险等金融增值服务功能。

基于电商平台的互联网金融模式，加深了实体经济与金融之间的融合，通过互联网数据挖掘这一新型征信手段，能够以低成本发掘和聚集全面而真实的交易信息，大大降低客户搜寻、客户调查、客户监督等经营成本。与传统金融模式相比，互联网金融模式不仅降低了融资成本，而且使金融服务覆盖了受融资约束的大量小微企业和个人，有效解决了中小企业融资难题，提高了资金利用效率。

2. 互联网金融向跨境电子商务行业的渗透

近年来，我国跨境电子商务飞速发展，中国电子商务研究中心的监测报告显示，在 2015 年外贸形势严峻、下行压力加大的情况下，跨境电子商务交易规模为 5.4 万亿元，同比增长 28.6%。据统计，我国各类跨境平台企业已超过 5000 家，通过平台开展跨境电商的外贸企业逾 20 万家。快速发展的跨境电子商务对金融服务产生了巨大的需求，据预测，2016 年我国跨境电商进出口额将增至 6.5 万亿元，其中金融服务需求约 2 万亿元。跨境电子商务对金融服务的需求不仅包括支付结算方面的基础金融服务需求，还包括风险管理、资源配置等金融增值服务需求，如为规避汇率风险对远期结售汇、外汇期权等衍生产品的需求、为防止跨境物流中商品丢失的运输保险产品的需求、为解决资金短缺的跨境贸易融资产品的需求等。与传统线下交易不同，跨境电子商务交易笔数多、金额小，因此其资金需求也具有"量小、线短、频高"的特点，而且缺乏资产抵押，对传统金融的授信管理和风险防控模式提出了挑战，为适应跨境电子商务线上交易的个性化金融需求，配套的金融服务也需相应地实现网络化、高效化。为此，国家相关部门连续出台一系列政策鼓励完善跨境电商基础服务体系建设，推动跨境电商快速发展。

在此背景下，传统的商业银行及互联网金融公司纷纷将跨境电商金融服务作为其拓展互联网金融业务的重要领域。其中，以商业银行为主的传统金融机构凭借资金结算方面的优势，以互联网思维开展金融业务转型，以提供快速便捷的跨境资金支付结算服务为切入点，主动融入跨境电商生态圈，开发跨境电商金融支持平台，为跨境电商提供创新金融服务。比如，中国银行以"融入互联网生态服务电子商务为核心的网络金融建设"作为全行的战略，充分发挥自身立体化、全球化的服务网络优势，从线上支付、跨境资金清算、线上融资、跨境交易撮合等服务着手，加强与跨境电商产业链中各类参与者的合作，为跨境电商进出口企业提供全产业链条的互联网金融服务。互联网金融公司则看准跨境电商行业的发展机遇，更专注于传统金融无法满足的金融服务，为商家提供个性化的定制服务。比如，铜掌柜作为全国首家专注跨境电商金融服务的互联网金融平台，专注服务跨境电商供应链金融服务，依托强大的数据分析能力，基于供应链金融服务设计完整交易闭环，深挖产业链衍生金融服务。

（三）跨境电子商务与互联网金融融合中存在的风险

一是市场风险。跨境电子商务与互联网金融的融合，是高风险性的金融、开放性的互联网与实体经济的结合，容易导致商品市场风险和金融市场风险互相叠加，同时市场主体却缺乏相应的风险管理经验。我国跨境电子商务发展还处于初级阶段，存在经营主体过多、经营不规范的情况，缺乏混业经营的经验；互联网金融企业在业务高速发展时期可能片面追求规模和利润，缺乏有效的真实性审核手段。

二是道德风险。跨境电子商务与互联网金融的融合更多基于对大数据的分析，而数据基本垄断在少数企业手中，应该采取一定的措施对这些垄断团体形成有效约束。此外，互联网金融天然具有开放性和自由性的特点，造成市场参与主体的准入门槛相对较低，交易主体良莠不齐，容易滋生道德风险，企业无序竞争、产品质量差、企业信用低等问题亟待改善，互联网企业信用度的提高仍是一个长期的过程。

三是技术风险。互联网技术的使用与创新，是跨境电子商务和互联网融合的优势所在，但计算机系统可能出现故障，遭到人为或自然灾害的破坏；金融软件可能存在缺陷，感染网络病毒，被黑客恶意破解；客户身份可能被伪造，骗过交易认证系统，发生金融诈骗，上述技术性风险会带来较大威胁。由于第三方支付、P2P 等互联网金融新业态的发展还处于起步阶段，安全管理水平相对较低，因此，网络安全问题更应引起高度重视。

四是监管风险。无论是对互联网金融还是对跨境贸易电子商务，目前的监管体系均不完善，且随着互联网技术的日新月异、业务模式的创新以及新业态的出现不可避免地导致对现有管理体系的冲击。比如，跨境电子商务具有交易对手分离化的特点，买卖双方不直接进行资金收付，存在收付关系的是第三方支付机构，第三方支付机构通过银行进行跨境资金收付时，无纸质单证、不正常报关及信息流与资金流的分离导致银行难以判断其交易的真实性，使真实性审核监管模式受到挑战。

三、互联网金融与跨境电子商务的监管现状及建议

（一）监管现状

1. 互联网金融的监管现状

目前，互联网金融监管领域已经初步形成根据业务边界分业监管的布局。根据 2015 年人民银行、银监会等十部委联合发布的《关于促进互联网金融健康发展的指导意见》（银发〔2015〕221 号）等文件规定，互联网金融监管遵循"依法监管、适度监管、分类监管、协同监管、创新监管"的原则，在界定各业态的业务边界及准入条件基础上，落实监管责任，明确风险底线，即支付体系和第三方支付机构

牌照由央行负责监管、网络借贷由银监会负责监管、股权众筹融资由证监会负责监管、互联网保险由保监会负责监管。

2. 跨境电子商务的监管现状

为了营造有利于跨境电子商务发展的环境，政府部门纷纷出台相关措施，在跨境电子商务通关便利、电子支付发票、信用环境、信息真实性、风险监管等方面制定政策。比如，在外汇结算方面，外汇局在全国范围内开展支付机构跨境外汇支付业务试点，允许支付机构为跨境电商交易提供外汇资金收付汇及结售汇服务；在通关方面，允许进出境快件运营人、邮政企业受电子商务企业、支付企业委托向海关传输电子信息；在税收方面，对跨境电子商务进出口税收的管理在参照一般货物管理的基础上，结合其多频、小金额占比高等特点进一步简化手续，通过不同形式的政府协议降低国际运输服务相关税费。

（二）监管中存在的问题

一是部分业务监管政策不健全，法规建设有待完善。目前，互联网金融与跨境电子商务发展迅猛，业务形式不断创新，现行监管体系难以完全覆盖。比如，P2P网络贷款平台缺乏准入门槛、缺乏行业标准、缺乏机构监管，仍游离于监管之外；对于跨境电子商务混业经营模式，尚未建立相应的法律、法规体系，报关、税收等方面尚无稳定的适用制度，尤其是跨境物流建设方面，对其标准化、规范化建设我国还缺乏相应的监管政策。

二是动态的业务创新与监管的相对滞后形成矛盾，监管措施亟须升级。互联网金融与跨境电子商务的发展均是依托互联网技术，以创新为核心竞争力，其动态的业务创新与监管的相对滞后形成一定的矛盾。比如，对跨境电子商务的通关服务有待改进，目前不支持"本地报关、异地出境"的物流模式，出口小包货物必须在报关地起运，增加了货物转运的物流成本；进出口税收政策有待规范，跨境电商从事的小额贸易，数量多、金额小，未纳入传统的海关货物贸易监管与统计，享受不到出口退税政策；结汇方式有待调整优化，出口跨境电商的境外资金回流后结汇受到传统贸易须提供报关单等纸质单证等多方面限制。

三是混业经营趋势显现，但政府部门协同监管仍需加强。跨境电子商务与互联网金融的融合，是金融与实体经济的深度融合，涉及通关、物流、支付、结算等多个环节，需要政府部门间相互协调，但现行的分业监管体制缺乏统一的政策框架和相互协调的监管联动机制，难以跟上新业态发展的步伐。通过现有监管机制建立跨部门的信息共享、沟通和监管协调机制，是提高监管有效性的关键。

（三）政策建议

一是在宏观层面完善顶层设计，建立健全适应新业态发展的监管服务体系。我国跨境电子商务正处于快速发展的上升期和增长期，建议打破监管的固化思维，以市场需求为导向，对于资金流和货物流完全分离的跨境电子商务模式，采用差异化管理，创新管理制度，建立健全适应业务发展的监管与服务体系。比如，建立跨境电子商务综合性服务体系、建立跨境电商企业认定机制、完善跨境贸易电子商务支付结算管理等。

二是在中观层面丰富监测手段，有效防范业务风险。打通跨境电子商务"关、税、汇、检、商、物、融"之间的信息壁垒，实现信息互换、监管互认、执法互助；运用互联网大数据方式加强监管，通过数据整合获取电商企业全口径的业务数据，建立跨境资金收支的监测分析指标体系；加快中国电子口岸出口退税系统与跨境电商平台、物流、支付、结汇等系统联网；加快支付机构跨境互联网支付的监管信息系统建设，实现数据在地域间的横向传输、纵向分发。

三是在微观层面完善操作流程，推动新兴业态快速发展。改进通关服务，借助互联网金融大数据的分析处理优势，通过发展跨境电子商务服务试点平台，提升跨境通关管理效率；优化税收政策，按照有利于拉动国内消费、有利于公平竞争、促进发展和加强进口税收管理的原则，完善跨境电子商务零售进口税收政策；放宽支付机构结算限

额并优化结汇方式；改善融资服务，充分发挥互联网金融和传统银行各自的优势，为跨境电商进出口企业提供全产业链的互联网融资服务。

参考文献

［1］张江洋，袁晓玲，张劲波．基于电子商务平台的互联网金融模式研究［J］．上海经济研究，2015（5）：3－11.

［2］黄海龙．基于以电商平台为核心的互联网金融研究［J］．上海金融，2013（8）：18－23.

［3］谢平，邹传伟．互联网金融模式研究［J］．金融研究，2012（12）：15－26.

［4］邹伯清．电子商务与互联网金融的协同发展研究［J］．时代金融，2015（12）：253－256.

［5］耿忠．促进跨境电子商务发展需金融服务与监管并重［J］．经济师，2014（11）：168－170.

［6］吕雪晴，周梅华．我国跨境电商平台发展存在的问题与路径［J］．经济纵横，2016（3）：81－84.

［7］汪文进．第三方支付机构跨境外汇电子支付管理问题研究［J］．华北金融，2013（1）：44－47.

［8］王杏平．跨境电子商务与第三方支付管理研究［J］．南方金融，2013（12）：54－57.

众筹投资的适用性研究

林晓东等[*]

一、引言

众筹作为互联网金融创新的主流模式之一，在世界范围内获得了快速发展。根据众筹行业的统计数据：2011 年全球众筹行业的融资额为 15 亿美元，2012 年融资额增长到 30 亿美元，同比增长 100%[①]。根据 Crowdsourcing. com 的统计数据：截至 2013 年 6 月，全球共 2000 多家活跃的众筹平台在运营[②]。全球众筹行业的快速发展引起了国内外学者的广泛关注。

众筹本质上是一种投资方式，相对于普通的投资，其最大的特点是单个项目的投资人数量众多，也就是众筹中"众"的特点较为突

---

[*] 林晓东：中国人民银行营业管理部调查统计处处长。参与执笔人：蒋湘伶、王凯、钱珍、王芳、孟姝希、曹镇富、苏乃芳、谭仁杰、刘斌。其中，蒋湘伶、王凯、钱珍、王芳供职于中国人民银行营业管理部调查统计处；孟姝希供职于中国人民银行营业管理部外汇检查处；曹镇富供职于中国人民银行营业管理部人事处；苏乃芳供职于中国人民银行营业管理部金融研究处；谭仁杰供职于中国人民银行营业管理部征信管理处；刘斌供职于中国人民银行营业管理部国库处。

① 资料来源：http://www. crowdsourcing. org/document/crowdfunding – industry – report – a – bridged – version – market – trends – composition – and – crowd – fundingplatforms/14277.

② 资料来源：夏恩君等. 国外众筹研究综述与展望 [J]. 技术经济，2015（10）：10.

出，资金筹集通过众多投资者的方式变得相对容易。众筹投资给资金筹集方带来快捷融资的便利，特别是对初创公司和立足未稳的小企业来说，众筹缓解了其创业初期的融资难题，也给众多资金提供者带来了相对更高的收益。在互联网金融迅猛发展的时代，什么样的投资项目适合采用众筹投资的方式，需要从更多的角度去考虑，因此众筹投资的适用性值得深入研究。本文首先对众筹投资进行了文献梳理，其次总结了众筹投资的特殊性和适用性，最后提出众筹投资适用性的相关建议。

二、众筹投资文献综述

"众筹投资"概念的提出基于互联网金融的发展，因此关于众筹投资的学术论文较为缺乏，但是如果把众筹投资放在投资学的范畴下去研究，相关文章就变得较为丰富。本文的文献综述以众筹概念的本质为出发点来梳理以往的众筹投资研究文章，然后总结了众筹投资适用性的侧面研究成果。

众筹投资的国内文献集中在引用国外成果、介绍性地引进众筹概念方面。肖本华（2013）介绍了美国众筹融资的发展现状及其存在的问题，对美国 JOBS 法案有关众筹融资模式的内容进行了解读，并分析了众筹融资模式的内涵。胡吉祥、吴颖萌（2013）考察了众筹融资在国际和国内的发展现状，分析了行业发展进程中的问题和风险。黄健青、辛乔利（2013）分析了众筹投资的概念、特点及启示。他们提出了众筹的四大作用：化解信息不对称问题、降低融资风险、搭建民间资本投资的便利平台、代表"金融脱媒"的创新发展。范家琛（2013）对众筹商业模式中的筹资人、中介机构和出资人三位一体的结构与流程进行了分析，总结出众筹商业模式的优势在于促进微创业和激励"草根"创新。邱勋、陈月波（2014）考察了股权众筹融资在国内外的发展现状，分析了其运营模式，并认为其具有重要的社会价值、战略价值、经济价值和精神价值。

从众筹的实质性来讲，其本质是联合投资的一种。国内对众筹投资的经济学理论分析相关的文献较为缺乏，国外研究则较早开始对联合投资的经济学理论进行研究。Compers（1995）在对联合投资的研究中认为，多个基金管理者联合投资，会分散投资风险、减少信息不对称所引起的逆向选择问题。Yan 和 Wu（2003）则构建了一个投资决策模型，证明分阶段投资在理论上是最优的，创业投资可以通过对企业的多轮次投资、谈判来解决代理问题。王凯（2012）在研究影响我国创业投资采用多轮次、分阶段投资的因素时，发现我国企业倾向于对资金需求量大的项目采用联合投资，这与国外的情况相反。国外的研究结果发现，投资人对行业前景把握不准时，例如对高科技企业进行投资时，才更多地采取联合投资。Greenberg、Hui 和 Gerber（2013）认为如将众筹投资归类为金融交易则会模糊众筹的其他功能，这些功能主要集中在个人之间非金融资源的交换中，他们通过分析81个众筹平台发现，众筹能实现的功能除了金融之外还应包括信息、状态、产品、服务感情等，因此通过广义的资源交换视角能更好地理解众筹的功能。Agrawal 和 Goldfarb（2014）从经济学角度分析了众筹存在的基础，他们认为与早期的风险投资相比，众筹缺少尽职调查功能，所以成功的众筹必须特别注意交易成本、声誉、市场机制设计。Hui、Greenberg 和 Gerber（2014）提出众筹平台除了融资功能，投资人与被投资人之间的交流指导、反馈功能、技术支持等功能对于项目成功非常重要。

目前关于各类众筹投资适用性的分析较少，国外一些学者从不同侧面对众筹投资的适用性问题展开研究。从众筹资本需求量适用性方面来看，Belleflamme、Lambert 和 Schwienbacher（2014）比较了股权众筹和产品众筹的适用范围，他们对两种类型的众筹使用一个统一的模型进行了分析，得出的结论为：当资本需求量较小时，企业家更倾向于选择"预售模式"（奖励式众筹）；当资本需求量较大时，企业家更倾向于选择"利润分享模式"（股权式众筹）。从众筹投资的行业适用性方面来看，Hemer（2011）认为众筹模式适用于融资困难、往往借助某种艺术作品获得大量个体广泛关注的文化、艺术等创意行业。Ho、Lin 和 Lu（2014）使用台湾地区的调查问卷数据分析了众筹的消费意愿问题，问卷总结了消费众筹成功的关键因素。Byrnes、Ranganathan、Walker 和 Faulkes（2014）分析了 159 例科技类众筹投资项目，总结了科技类众筹成功与失败的原因，他们认为该类项目众筹参与者的人数以及参与互动的深度是成败的关键。Yang 和 Zhang（2015）分析了文化产业众筹环境较差的原因，认为缺乏法律、法规的保护使得文化产业众筹生态环境建设落后。另外，在世界范围内，众筹早已成为社会公共项目或非营利组织（如红十字会、Oxfam、非政府组织和其他发展援助组织等）的一种既定融资方式。从众筹投资的不适用性方面来看，Hemer（2011）认为，众筹模式不适合那些易于理解的商业概念和易于复制的产品，也不适合资本需求较大的行业，因为截至目前通过众筹获得大量启动资金的案例并不多。此外，众筹投资也不适合处于融资阶段后期的项目，因为项目后期主要是私募股权或资本市场中其他投资工具的投资阶段，而众筹投资并不能取代传统的融资方式。

三、众筹投资的特殊性分析

众筹投资特殊性分析的目的在于更加有针对性地提出众筹投资的适用范围。众筹投资的特殊性主要体现在与传统投资方式（天使投资、风险投资、私募股权投资等）的不同之处，其特殊性主要包括如下几个方面：

一是信息传播更加便捷、广泛。信息是金融市场框架的核心，传统金融市场主要通过发行标准化的金融工具，建立金融中介、信用评级公司等机构收集借款人的相关信息的方式，解决由于信息不对称带来的逆向选择与道德风险问题。众筹模式利用网络平台传播融资信息的优势在于，一方面，互联网拥有庞大的用户群，信息传播更为方便、快捷且成本低廉，容易募集到更多的资本；另一方面，众多投资者可以通过网络从不同的侧面对项目进行监管。

二是投资者众多有利于风险分散。传统融资模式下，投资者数量少，投资金额高，风险也相对集中。众筹模式的核心思想体现在"众"多的投资者，通过互联网平台的无界性，可以在短时间内聚集数量庞大的参与者；而每位投资人的投资额度可以很低，这样有利于通过分散化的方式降低融资风险。但同时，由于投资者分散，容易产生资金运用效率低下的问题。

三是兼具投资与消费的交互功能。对于股权众筹平台，众多的投资者带来监管、投资指导方面的便利性，有利于被投资企业寻求发展的建议。对于产品众筹平台，产品受欢迎程度与投资程度直接挂钩，在投资的过程中省去了销售环节，提高了项目成功的可能性，并且产品开发阶段的不断迭代过程也是投资人、消费者与被投资人、产品设计者的沟通过程。

四是项目信息保密性无法保证。由于需要对全网络发布融资计划、部分产品设计细节，除非有特殊资源，否则很难排除同业模仿。传统投资在投资人与被投资人交流过程中可以通过保密协议等手段对商业秘密采取一定的保密措施，而众筹吸引到足够多的投资的关键在于向网络公布足够多的信息，这种公开利弊共存。

五是投资项目专业性强。这一点在科技型众筹方面比较突出，由于从事高科技含量项目的创新，一般投资者难以理解项目实质。这会造成两方面的效果，一是很少人懂得这个项目，造成项目失败；二是不可行项目通过复杂的包装欺骗投资者。

六是融资人社会关系网络对项目影响较大。一个项目能否融到足够的钱，融资人社会关系是非常重要的。一般众筹项目募集资金的过程中，前50%的资金比后50%的资金更难募集。所以如果融资人社会关系网络能贡献前几笔投资的话，之后更容易获得成功。

七是众筹具备一定的广告效应。对于产品众筹来说尤为如此，融资本身也是产品宣传的过程。一种新产品从无到有再到生态圈建设，都可以通过众筹完成。某些新的消费概念，往往是从众筹开始形成气候的。

四、众筹投资的适用性分析

众筹投资适用于高科技风险行业还是传统低风险行业？对于特定投资项目，多少众筹投资人是合适的？众筹怎样解决委托代理、逆向选择问题？众筹是否需要采用多轮次、多阶段投资？为了最大程度发挥众筹的效应，需要解决众筹的适用性问题。

（一）产品众筹与股权众筹的适用范围

在产品众筹与股权众筹之间，小量资本、快速开发类产品，采用商品众筹可以寻求"价格歧视"。提前预订的客户付出更高的资金，有利于解决初创企业的固定资金投入约束问题。但是当融资金额超出一定的数量时，产品生产销售需要一个很长的周期，利用"价格歧视"的能力将减弱，这时再采用产品众筹，有可能因为延误投资时机而导致项目失败。对于有大量融资需求的项目，众筹是以利润分成为基础的，这时项目与投资人决策以及与投资人的沟通是项目可利用的宝贵资源。只有采取股权众筹吸引到大量的资本，才能提高投资人的参与度。如果有专业的投资人对项目进行评估、尽职调查以及持续的督导，采用股权众筹是一个较好的方式。

（二）不同领域项目众筹投资的适用范围

众筹投资在高科技风险行业或是传统低风险行业的适用性，取决于众筹平台的投资人个体结构。一般传统产品如果是消费类项目就可以直接在电商平台（京东众筹等）筹集资金。传统产业也可以采取股权众筹的形式筹集资金，由于风险较低，可以根据所要筹资金额的大小选择不同的平台筹集资金。对于高科技行业，普通投资者不容易理解高科技众筹的未来前景，对其进行投资可能存在困难，一旦项目失败会面临较大的非理性因素。另外，普通投资人对急切需要投资人指导的高科技项目没有指导投资、进行研发的能力，也不具备发现产品前景的能力，所以高科技众筹最好是在一个科技生态圈内进行众筹。

（三） 众筹投资适合的模式安排

国内股权众筹主要分为一般模式和"领投 + 跟投"模式。一般模式就是项目筹资人在众筹平台发布项目，投资人筛选自己想投资的项目进行投资。而"领投 + 跟投"模式中有一位领投人，众多跟投人选择跟投。如果运行良好，"领投 + 跟投"模式能较好地克服投资人经验不足的缺陷，尤其是通过领投人判断和挑选项目降低了跟投人的投资风险，以领投人为责任主体的投后管理机制也避免了法规对平台方的限制。但是，这一模式的问题是一旦出现领投人和融资方串通欺诈的情况，跟投人的合法权益就难以得到保障。

（四） 众筹投资投资人的适用范围

消费者参与众筹的主要目的是满足某种需求、得到更高的效应。投资人在众筹平台上做出投资的主要目的是赚取投资收益，实现资本增值。因此股权众筹更适合面向投资者进行融资，产品众筹则适合向消费者发行。但是股权跟产品众筹与投资者或消费者又不是完全对应的。投资人可以作为产品众筹的批发商、代理商参与产品众筹；消费者可能在产品使用中获得良好的体验之后，转做该产品的投资人。众筹项目要综合考虑，然后决定自己在现阶段需要去找哪一类投资人融资，产品开发、快速推出产品原型以及市场推广类产品最好采用向消费者进行融资的方式；扩大经营规模、技术改进以及品质升级类项目，向专业的投资人进行众筹效果较好。

（五）众筹资金适合的利用效率安排

众筹资金利用效率主要体现在筹集资金的速度、资金到位后的使用效率等方面。对于资金筹集的速度，有些项目筹集资金时间越快越好，另一些项目并不是这样，如高科技项目、具有一定探索性的项目以及开发原型尚不明确的项目，需要时间来接受来自投资人或消费者的反馈，以便进一步修改完善项目，这些项目多轮次、面向众多筹资人进行众筹是较好的选择。对于资金到位后的支出节点，面向少数投资人筹集的资金受到的监管较小，资金使用决策效率较高，而面向多数投资人募集的资金，因为资金使用决策分散，决策过程往往更长，会降低资金使用效率。资金使用过程中的决策效率各有优劣，少数人短期做出决策不至于让项目损失市场机会，但是出现决策失误的概率也较高；多数人协调做出的决策虽然时间效率不高，但是不容易出现决策失误，具有较好的集思广益的控制力。

五、案例分析——小牛电动车众筹投资适用性因素分析

（一）项目介绍

牛电科技成立于 2014 年 9 月，是一家兼具技术创新和设计创新能力，以全新产品和服务为城市居民提供便捷、环保的中短途出行体验的科技创新企业。其在 2015 年 6 月 1 日发布第一代小牛电动 N1 系列；在 2016 年 4 月 21 日发布小牛电动 M1 系列；同年 8 月 16 日发布 N1 系列升级款小牛电动 N1S。

小牛电动踏板车采用了与特斯拉同级的松下 18650 锂电池，重量

仅为 12kg，相比同行的铅酸电池一般 50kg 的重量要轻很多，得益于170 节 2600mAh 电池组合起来提供的 1560Wh 超大电量，小牛 N1 动力版续航里程可以达到 100km。此外，小牛电动车没有迎合这个时代"为了智能化而智能化"的趋势，而是选择先集中突破电动车的防盗痛点：它的封闭集成 GPS 模块，可以随时追踪车辆位置，并且第一年流量免费。用户可以远程控制 APP 来实现对车辆的管控，集成车况检测、位置记录、报警提示、综合信息显示四大功能。用户在手机上可以进行整车情况检测，看到剩余电量信息、天气信息、附近维修点地理信息，自动获得充电提醒、电池提出报警、非法位移提醒，查询到车辆行驶轨迹记录，以及进行社区线上交流。在设计上，小牛电动主打简洁实用，它在发布会上展示了牛电科技的前面板大灯、转向灯，液晶全显交互，小牛电动特有的安全启动按钮（绿色），手机安装支架（导航），坐垫，18.9L 超大容量的储物空间，弹出式后脚蹬，玻璃纤维的后扶手等细节设计。在具体的车辆内部构造上，小牛电动采用了和汽车相同的大小车灯设计，在黑暗环境中，用户可以通过遥控器来直接操控车灯的开关。整车还配备了 USB 接口，可以给手机充电，并支持横屏竖屏导航支架。主打设计感的小牛电动 N1 系列还配备了类似赛车外形的头盔，头盔配色与机身颜色保持一致。

（二） 众筹情况

众筹项目方为牛电科技，小牛电动踏板车的众筹为产品众筹。活动时间为 2015 年 6 月 15～30 日，目标为筹资 500 万元。众筹方案设计如下：

（1）支持 1 元，从 2 万名参与者中抽取 5 位，获得价值 3999 元的小牛电动 N1 都市版一台。

（2）支持 3999 元，获得小牛电动 N1 都市版一台。

（3）支持 4999 元，获得小牛电动 N1 动力版一台。

（4）支持 4999 元，获得小牛电动 N1 众筹版（仅颜色区别）一台。

（5）支持任意金额，不需要给回报。

众筹平台为京东金融旗下的众筹平台。在 15 天的筹资期内，共筹集到资金 7202 万元，比计划的 500 万元超额筹集 1440%，共有 114159 名支持者参与了该众筹计划（见图 1）。

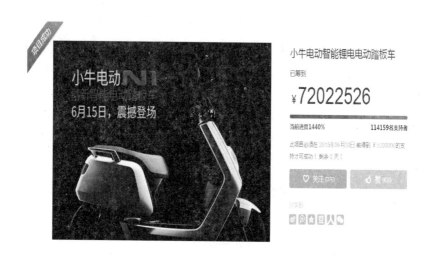

图 1　小牛电动车众筹情况

事后统计显示，京东众筹平台上结束为期 15 天的众筹时，不仅完成了近 16000 台小牛电动车的销售，还创造了京东众筹平台资金募集最快、金额最大等多项纪录。

（三）小牛电动车众筹适用性分析

小牛电动车取得重大成功，是众筹魅力的一次体现。根据前文提出的众筹适用性理论来分析小牛电动车众筹取得成功的原因，可以发现，该项目多项因素均符合众筹成功的条件，也就是非常适合采用众筹的因素较多，决定了该项目众筹能够获得巨大成功。

小牛项目方适用众筹的因素在于：一是能利用互联网众筹平台加快信息的传播。网络媒体对电动车的关注度如图 2、图 3 所示，比较可以明显看出通过互联网平台小牛电动车实现了更多的信息传播。产品众筹上线前，项目方在 6 月 1 日召开新品发布会，邀请了大量媒体参与，吸引了足够眼球，加快了网络信息传播，众筹给网络营销提供了平台，扩大了网络营销的作用。

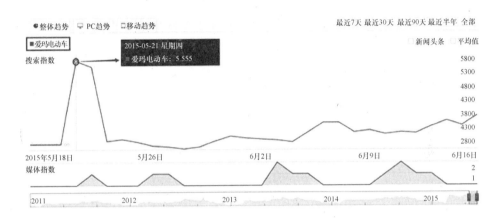

图 2　爱玛电动车媒体关注度

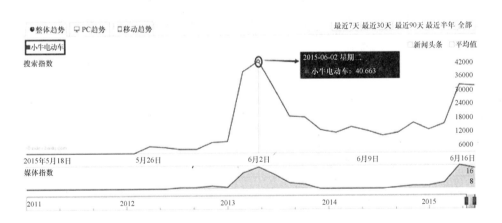

图 3　小牛电动车媒体关注度

二是发挥众筹平台的信息反馈功能。小牛电动车 N1 系列众筹成功反映了市场需求是巨大的。因此小牛公司抓紧扩张、提高生产能力，创办了江苏工厂并扩大了其产能。收到消费者的反馈之后，小牛电动车改进了产品，于 2016 年 4 月 21 日发布小牛电动 M1 系列；同年 8 月 16 日发布 N1 系列升级款小牛电动 N1S。

三是利用融资人社会关系网络促成众筹项目成功。该项目融资金额并不大，500 万元对于社会资源丰富的小牛电动车创始人与其说是融资不如说是在试探市场。项目方牛电科技的创始人李一男有丰富的个人从业背景，这让他身边多了很多投资人站台背书，诸如李开复、徐小平、傅盛等大佬在自己的圈内为其进行宣传。这样一来，前 50％ 筹资额度并不难达到，这加大了后期众筹成功的概率。

四是有利于小牛网络生态圈建设。提前预订的客户付出更高的资金，有利于解决初创企业的固定资金投入约束问题。在本例中，小牛电动车并未将价格定得很高，从整款车型的配置来说，4000 元一辆的价位算比较合理。据相关人士测算，小牛电动车各组件价格之和已经非常高了，能在 4000 元组装成整车，性价比较高。小牛电动车并未采取"价格歧视"策略的另一个原因是电动车单车行业是一个竞争行业，小牛电动车并没有垄断的资本。但是，小牛在建的包括头盔、手套、防盗科技等在内的小牛电动车生态圈，是一个更大的产业。

五是采用了较为合适的产品众筹模式。小牛电动车科技领先在用户体验上，全车并未有原创的重大科技突破，而是把重点放在科技整合、用户体验上。产品众筹的预售功能可以快速筹集到足够的资金进行产品生产，小牛电动车原型开发出来以后，主要的问题是产品销售，而不是通过股权众筹来做进一步开发。因此选择产品众筹更具合理性。

六是众筹平台选择较为恰当。目前的众筹平台很多，但是京东是一家偏重于电子、机械产品的平台，针对性比较强，而大家都知道苏宁只是一个电器卖场，众筹不是主业；其他的众筹平台项目多，关注度就分散了。如果前期没有宣传，品牌知名度不强，再选择一个不恰当的众筹平台，基本就预示众筹失败了。在小牛电动车销售阶段，直接选择京东这一销售平台更有利于产品的销售。

七是众筹的对象选择合理。消费者参与众筹的主要目的是满足某种需求、得到更高的效应。小牛电动车正是能够满足这类需求的科技体验升级类产品。小牛成功的关键是面向消费者进行众筹，中国人口众多，前期小牛宣传力度又大，有利于其销售。如果小牛电动车面向投资者众筹或者面向经销商众筹，都不会有这么大的正面效果。

（四） 启示

小牛电动车众筹的成功是充分利用众筹各种优点的综合结果。多种众筹的有利因素联合在一起相互加强，大大提升了项目的成功概率。通过众筹的成功，小牛公司摸清了市场需求、得到了消费者反馈，有利于今后推出更好的产品。

六、相关建议

（一） 从法律制度层面明确众筹投资的合法性，以保证众筹投资的顺利进行

目前，我国对众筹行业尚未出台专门法律、行政法规、规章，相关法律体系不完备，仅以"意见"、"试行办法"等形式出台了一些规范性或指导性文件。因此，从法律制度层面对众筹投资进行规范，使众筹平台能有相应的政策指导、法律监管或以其为依据进行项目备案，保证众筹投资顺利进行。

（二） 从金融监管层面完善众筹投资的市场监管，以保障众筹投资人的资金安全

一是加强部门协同联动，实现跨部门监管。众筹行业的监管涉及

部门众多，因此要加强部门协调，形成监管合力。二是加强行业自律管理。积极发挥中国互联网金融协会、中国股权众筹联盟等行业自律组织的作用，根据行业特点，建立适用于业态的现场、非现场检查体系，指导众筹平台建立风险量化指标体系。三是借鉴美国 JOBS 法案，设定投资者准入门槛，限制投资者的最大投资额，提高投资者的风险承受能力，保障投资者的利益。

（三）从实践操作层面加强众筹投资的平台建设，以提高众筹投资的市场参与度

一是要求众筹平台不能设立资金池。二是要求众筹平台不能为融资项目提供担保，因为众筹平台没有资本金，项目风险大。三是众筹项目和平台要提供高度完整的信息披露和富有针对性的风险提示，以保护投资者的知情权和利益。

（四）从理论研究层面强化众筹投资适用性的研究，以增加众筹投资项目的成功率

目前众筹投资适用性理论层面的研究相对较少，从众筹模式来看，已有研究仅根据众筹行业的发展现状对众筹模式进行简单分类，尚未对不同模式的特征、运行机制和适用性进行深入探讨，尤其是对众筹的混合模式缺乏分析。因此要加强众筹投资的理论研究，做到理论先行，引导众筹行业的良性发展，提高众筹投资项目的成功率。

参考文献

[1] 黄健青，辛乔利. "众筹" ——新型网络融资模式的概念、特点及启示 [J]. 国际金融，2013 (9): 64 – 69.

[2] 邱勋，陈月波. 股权众筹：融资模式、价值与风险监管 [J]. 新金融，2014 (9): 58 – 62.

［3］ 肖本华. 美国众筹融资模式的发展及其对我国的启示［J］. 南方金融，
2013（1）: 52 – 56.

［4］ 胡吉祥，吴颖萌. 众筹融资的发展及监管［J］. 证券市场导报，2013
（12）: 60 – 65.

［5］ 范家琛. 众筹商业模式研究［J］. 企业经济，2013（8）.

［6］ 王凯. 创业投资中共同投资、分阶段投资的决定因素——对创业板上市公司
的分析［J］. 世界经济情况，2012（11）: 81 – 87.

［7］ 吴超鹏，吴世农等. 风险投资对上市公司投融资行为映像的实证研究［J］.
经济研究，2012.

［8］ 黄亚玲. 私募股权基金文献总述［J］. 国际金融研究，2009.

［9］ Agrawal A., Goldfarb A. Some Simple Economics of Crowdfunding［J］. Innovation Policy & the Economy, 2014, 14（1）: 63 – 97.

［10］ Belleflamme P., Lambert T., Schwienbacher A. Crowdfunding: Tapping the Right Crowd［J］. Core Discussion Papers, 2014, 29（5）: 585 – 609.

［11］ Bertoni F., Colombo M. G., Griui L. Venture Capital Financing and the Growth of High – tech Start – ups: Disentangling Treatment from Selection Effects［J］. Research Pllicy, 2011.

［12］ Byrnes J. E., Ranganathan J., Walker B. L., et al. To Crowdfund Research, Scientists Must Build an Audience for Their Work［J］. Plos One, 2014, 9（12）: e110329.

［13］ Gompers P., Lerner J. The Use of Covenants: An Empirical Analysis of Venture Partnership Agreement［J］. Journal of Law & Economics, 1996.

［14］ Greenberg M. D., Hui J., Gerber E. Crowdfunding: A Resource Exchange Perspective［C］// CHI' 13 Extended Abstracts on Human Factors in Computing Systems, 2013: 883 – 888.

［15］ Gompers P. A. Optimal Investment, Monintoring and the Stage of Venture Vapital［J］. Journal of Finance, 1995.

［16］ Hui J. S., Greenberg M. D., Gerber E. M. Understanding the Role of Community in Crowdfunding Work［C］// ACM Conference on Computer Supported Cooperative Work & Social Computing, 2014: 62 – 74.

［17］ Hemer J. A Snapshot on Crowdfunding［R］. Working Papers Firms and Region, 2011.

[18] Ho H. Y. , Lin P. C. , Lu M. H. Effects of Online Crowdfunding on Consumers' Perceived Value and Purchase Intention [J] . Anthropologist, 2014, 17 (3): 837 – 844.

[19] Yang D. , Zhang X. Puzzles about the "Crowdfunding" in Cultural Industry and Its Ecological Countermeasures [J] . Open Journal of Social Sciences, 2015, 3 (7): 7 – 14.

假币网络舆情监管中的
博弈行为研究

祝艳等[*]

随着移动互联网对社会生活形态的影响进一步加强，网络媒体日渐成为反映社会舆情的主要载体之一，假币舆情也不例外。同时，由于互联网固有的开放、互动、匿名等特点，假币舆情在网络上的形成和传播往往更加迅速、破坏性更强，极易引发社会群体性恐慌。例如，2008 年下半年起，河南、广西、浙江等全国多地相继出现了冠字号码以"HD90"开头的假币舆情报道，当时在网络上形成了一场极受关注的舆论风波，甚至 2009 年初，在武汉市还因为一张"HD90"开头的真钞发生过打架斗殴事件，可见假币网络舆情的不良社会影响是相当严重的。

中国互联网信息中心（www.cnnic.cn）2016 年 8 月发布的第 38次《中国互联网络发展状况统计报告》显示：截至 2016 年 6 月，中国网民规模达 7.10 亿，互联网普及率达到 51.7%，超过全球平均水平 3.1 个百分点，超过亚洲平均水平 8.1 个百分点；手机网民规模达 6.56 亿，网民中使用手机上网的人群占比达 92.5%；农村互联网普及率为 31.7%。人民网舆情监测室数据显示，2016 年上半年的热点事件率先由网络披露的约占 53%，信息源明确来源于"两微一端"的约占 22%，微博、微信以及知乎、分答、网络直播等新媒体逐渐成为

---

* 祝艳：供职于中国人民银行营业管理部货币金银处。参与执笔人：王雷、康小宇。其中，王雷供职于中国人民银行营业管理部货币金银处；康小宇供职于中国人民银行营业管理部钞票处理中心。

信息传播的主要工具、舆论的策源地，并逐步影响舆论的走势。

在这种情况下，北京作为舆情事件高发区域，假币网络舆情一旦脱离监管后果将不堪设想，大量偏激、失实的言论不仅会使反假货币工作受到质疑、难以开展，而且会严重影响正常的货币流通秩序，甚至使人民群众的人身和财产安全受到威胁。鉴于此，在"互联网＋"时代，对于假币网络舆情的监管、引导和控制就显得尤为必要。本文将从生命周期进化博弈行为的角度，对突发性假币舆情事件中各相关主体的策略选择进行分析，从根本上挖掘出假币舆情的成因和演变规律，进而使看似错综复杂的假币网络舆情能够得到有效的预警和疏导。

一、假币网络舆情的主要特征

假币网络舆情是假币相关社会舆论在网络生态环境中的存在形式，它虽然流传于网络，但它的相关主体却存在于现实生活，致使网络舆情与现实社会中的热点话题相互交织、相互影响，其关注者呈几何倍数增长，从而对社会生活的方方面面产生正面或负面的影响。一方面，假币网络舆情能够相对真实地反映社情民意，能够使反假货币政策在制定和执行中更加贴合民众实际需求，提高决策的公信力；另一方面，在假币网络舆情传播的过程中，公众能够自主选择并传播信息，这拓宽了反假货币正面宣传的网络渠道，有助于公众提升自身辨识能力、自觉履行不使用假币的道德责任和义务。然而，假币网络舆情能否发挥其正面影响取决于舆情的质量。当前我国网民总体素质仍然有待提高，涉及假币的话题又极为敏感，假币网络舆情的质量难免良莠不齐，其真实性和准确性无法核实，一旦被一些别有用心的人利用，带来的负面影响也不容小觑。特别是在"沉默的螺旋"作用下，占支配地位的言论会愈加得势，沉默的一方将越来越失去支持。这样一个螺旋过程将不断地把一种不一定是正确的舆论确立为主流意见，到那时，舆情监管将陷入疲于应付、非常被动的局面。因此，发掘假币网络舆情的特有运行规律并适时引导其更多地发挥正面影响、预防并限制其负面影响就成了一个不可忽视的课题。

二、假币网络舆情的进化博弈模型

（一） 模型的基本假设

本文将假币网络舆情涉及的利益相关方主要划分为舆论领袖、网络民众和政府部门三个群体。其一，假设舆论领袖是具有较高理性的自然人，即当他们获取到一条不确定真假的假币事件信息时，能够根据自己掌握的知识进行理性分析，并做出转发或者不转发的选择策略。他们具有一定的社会地位和影响力，通过转发和评论能够将事件迅速推至舆论高潮，甚至可能改变舆论走向，并能够从中获得更多的收益（更高的社会威望、粉丝号召力或心理满足感），而当信息被确认为假消息时其转发受到的损失也更大（名誉声望受损或承担法律风险）。其二，假设网络民众具有较低理性，即他们是否转发的决策受到周围人群的影响，他们的理性是根据博弈局势的变化不断进化的，博弈局势不同他们的行为决策也在不断变化。其三，政府部门是指能够对假币网络舆情进行介入、干预、引导、预测、监控的政府机构，面对舆情可以选择积极应对或者消极应对两种策略。其四，不同的舆论领袖之间能够互相传递消息，网络民众可能同时受不同舆论领袖和政府部门监控力度的影响。舆论领袖、网络民众和政府部门的每一组可供选择的策略之间是相互影响的，三者共同左右着假币网络舆情的发展走势。

（二）构建假币网络舆情的进化博弈

蛙鸣博弈是有限理性博弈的一种特殊模型，它将青蛙特定器官和繁衍行为进化作为对称博弈研究对象。实验表明：两只都不鸣叫的雄蛙获得的繁衍机会各为50%，而一只雄蛙鸣叫另一只不鸣叫时，前者获得繁衍的概率上升到60%。这说明鸣叫对于雄蛙来说并不总是最好的竞争策略，鸣叫包含着很大的成本，如容易被天敌发现、损耗自身能量等；不鸣叫的雄蛙不需要承担成本却可以通过"搭便车"的行为从鸣叫的雄蛙那里获益。

假设存在两个近似的舆论领袖1和舆论领袖2（即他们的信息来源相同，网络影响力类似，拥有的粉丝数量也大体一致，可以想象为同属于一个社交圈的两个"大V"），那么，当他们面对不能确定真假的假币网络舆情时，将做出参与转发或者不参与转发的策略选择，转发正确的信息会带来物质或心理收益，转发虚假信息将承担损失，不转发也可以得到"搭便车"收益，这种情况与蛙鸣博弈非常类似。不同的是，在蛙鸣博弈的基础上，还要考虑网络中的跟风效应和聚集效应，即一般网络民众会受到舆论领袖的影响参与到假币网络舆情的传播过程中，这部分人群的参与反过来又会影响舆论领袖1和舆论领袖2的收益与风险。因此，假币网络舆情传播中舆论领袖双方的蛙鸣博弈支付矩阵如表1所示。

表1　假币网络舆情传播中的蛙鸣博弈支付矩阵

舆论领袖1 ＼ 舆论领袖2	转发	不转发
转发	A，A	B，$k\Delta R$
不转发	$k\Delta R$，B	0，0

其中，$A = R + (p_0 + 1)\Delta R - [C + (p_0 + 1)\Delta C]$

$B = R + (p_0 + 1)k\Delta R - [C + (p_0 + 1)k\Delta R]$

蛙鸣博弈支付矩阵中各参数含义如表2所示。

表2　蛙鸣博弈支付矩阵中的参数含义

符号	含义
A	舆论领袖1和舆论领袖2都转发情况下的收益
B	其中一位舆论领袖转发而另一位不转发情况下的收益
R	舆论领袖选择转发消息的直接收益
C	舆论领袖选择转发消息承担的直接成本
ΔR	网络环境带来的额外收益
ΔC	网络环境带来的额外成本
p_0	一般网络民众受舆论领袖影响而选择转发产生的收益增益比例
$k \in (0, 1)$	只有一方转发时，未转发一方的粉丝受影响而选择转发的比例

由于舆论领袖1和舆论领袖2的背景环境类似，假设两者转发的概率相近，均为 x，x 均为时间 t 的函数。

对于其中任一舆论领袖，转发的期望收益为：

$$R_{转} = xA + (1 - x)B$$

不转发的期望收益为：

$$R_{不转} = xk\Delta R$$

平均的期望收益为：

$$\overline{R} = xR_{转} + (1 - x)R_{不转}$$

舆论领袖1转发的复制动态方程为：

$$F(x) = \frac{dx}{dt} = x(R_{1转} - \overline{R_1}) = x(1 - x)[xA + (1 - x)B - xk\Delta R]$$

令 $F(x) = 0$ 得，

$$x_1 = 0, \quad x_2 = 1, \quad x_3 = \frac{B}{k\Delta R + B - A} = \frac{R + (p_0 + 1)k\Delta R - [C + (p_0 + 1)k\Delta C]}{k\Delta R - (\Delta R - \Delta C)(p_0 + 1)(1 - k)}$$

当 $x = 0, 1, \frac{B}{k\Delta R + B - A}$ 时，$F(x)$ 均为0，处于稳定状态。

进一步分析，当 $x > \frac{B}{k\Delta R + B - A}$ 时，对 $F(x)$ 求导得：

$$\frac{dF(x)}{dx}\Big|x = 0 > 0,\ \frac{dF(x)}{dx}\Big|x = 1 < 0$$

F（x）先递增后递减，x = 1 为演化稳定点，即舆论领袖的稳定策略为转发。

当 $x < \dfrac{B}{k\Delta R + B - A}$ 时，对 F（x）求导得：

$$\frac{dF(x)}{dx}\Big|x = 0 < 0,\ \frac{dF(x)}{dx}\Big|x = 1 > 0$$

F（x）先递减后递增，x = 0 为演化稳定点，即舆论领袖的稳定策略为不转发。

（三）政府和舆论领袖之间的动态博弈分析

在网络舆情突发事件中，政府往往会根据过去的经验确定要采取的监管力度 p，而舆论领袖会在该监管水平 p 下，进行策略选择。现在政府监管力度为 p 的情况下，建立舆论领袖的博弈模型。

基于上一节的假设，在网络环境中，存在规模为 N 的舆论领袖，他们的文化水平、粉丝基础、公关能力相近，构成了同质群体。成员 i 和成员 i 以外的其他成员构成了博弈双方。他们的策略均为参与或不参与，如果政府不监管，则成员获得的收益如表 1 的博弈支付矩阵所示，假设政府的严厉监管会使成员造成严重的损失（收益的平方），且成员单独参与转发比全体参与转发获得的收益高（即 A < B），则成员 i 的期望收益矩阵如表 3 所示。

表 3　假币网络舆情传播中成员 i 的期望收益

舆论领袖 i ＼ 其他舆论领袖	参与	不参与
参与	（1 − p）A − pA²	（1 − p）B − pB²
不参与	（1 − p）kΔR	0

成员 i 采用先行参与网络舆情的策略条件：

$$\begin{cases} (1-p)B - pB^2 \geqslant 0 \\ (1-p)B - pB^2 \geqslant (1-p)A - pA^2 \end{cases}$$

由此可得：

$$0 < p \leqslant \frac{1}{A+B+1}$$

成员 i 采用跟随参与网络舆情的策略条件：

$$\begin{cases} (1-p)A - pA^2 \geqslant 0 \\ (1-p)A - pA^2 \geqslant (1-p)B - pB^2 \end{cases}$$

由此可得：

$$\frac{1}{A+B+1} \leqslant p \leqslant \frac{1}{A+1}$$

从上一节可知，成员 i 的参与转发概率为 x，对于其他成员，无人参与转发的概率为 $(1-x)^{N-1}$，有人参与转发的概率为 $1-(1-x)^{N-1}$。成员 i 选择参与转发和不参与转发的期望收益分别为：

$$E_{\text{参}} = (1-x)^{N-1}\left[(1-p)B - pB^2\right] + \left[1-(1-x)^{N-1}\right]\left[(1-p)A - pA^2\right]$$

$$E_{\text{不参}} = \left[1-(1-x)^{N-1}\right](1-p)k\Delta R$$

令 $E_{\text{参}} = E_{\text{不参}}$，解得：

$$x = \left[1 - \frac{(1-p)(k\Delta R - A) - pA^2}{(1-p)(A^2 - B^2 + B - A + k\Delta R)}\right]^{\frac{1}{N-1}}$$

进一步得：

$$\frac{dx}{dp} = \frac{1}{N-1}\left[\frac{-A^2}{(1-p)^2(A^2 - B^2 + B - A + k\Delta R)}\right]^{\left(\frac{1}{N-1}-1\right)}$$

由于 $N \geqslant 1$，推导可得：

$$\frac{dx}{dp} = \frac{-1}{N-1}\left\{\frac{(1-p)^2\left[(p_0+1)(k-1)(\Delta R - \Delta C)(1-A-B) + k\Delta R\right]}{A^2}\right\}^{\frac{N-2}{N-1}}$$

由此可以看出，公式 $\left[(p_0+1)(k-1)(\Delta R - \Delta C)(1-A-B) + k\Delta R\right]$ 影响斜率 $\frac{dx}{dp}$ 的正负，进而决定着监管力度 p 对转发概率 x 的相关性。也就是说，当 $\left[(p_0+1)(k-1)(\Delta R - \Delta C)(1-A-B) + k\Delta R\right] >$

0 时，$\dfrac{dx}{dp} < 0$，即随着监管力度的加大，舆论领袖参与转发的概率减

小；当 $[(p_0 + 1)(k - 1)(\Delta R - \Delta C)(1 - A - B) + k\Delta R] < 0$ 时，$\dfrac{dx}{dp} > 0$，即随着监管力度的加大，舆论领袖参与转发的概率增加。通常来说，$p_0 > 0$，$0 < k < 1$，$A + B > 1$，$\Delta R > 0$，于是，在实际应用中，当负面的假币网络舆情显现时，由于先行参与转发获得收益成本比例较高，会刺激舆论领袖不考虑信息真假，积极参与转发，即此时 $\Delta R > \Delta C$，$(p_0 + 1)(k - 1)(\Delta R - \Delta C)(1 - A - B) > 0$，$\dfrac{dx}{dp} < 0$，因此要抑制负面消息的扩散，减小舆论领袖参与转发的概率，应当加大监管力度，并在监管过程中根据各参数变动情况适时调整监管策略；当开展反假货币正面宣传时，则更多地适用 $\dfrac{dx}{dp} > 0$ 的情况，即监管方的宣传力度越大，舆论领袖的参与热情越高，从而能更好地营造反假货币舆论的氛围。

三、实证检验

本文选取 2013 年 6 月发生的"C1F9"假币事件作为分析对象，该假币舆情事件发展进程如表 4 所示。

表 4　"C1F9"假币事件发展进程

时间	事件发展进程	政府措施
6 月 27 日	事件发生	
6 月 28 日	该事件经网民崔先生在微博发布消息引发网民关注	人民银行营业管理部对"C1F9"假币防伪特征进行分析，并报送人民银行总行
6 月 29 日	北京某媒体刊发《"C1F9"高仿百元假币北京现身》，宣称该假币从银行 ATM 取出，能骗过验钞机，引发网民热议	

续表

时间	事件发展进程	政府措施
7月1日		人民银行营业管理部协同市公安局经侦总队到涉事银行进行实地勘查，随后召开了反假货币宣传媒体会，邀请新华社、北京卫视、《新京报》等主流媒体参加，对事件调查进展及群众关心问题进行解答
……	……	……
7月5日	中央电视台《焦点访谈》栏目将事件真相公布，《新京报》、《北京日报》等媒体刊载了《央行：北京未发现高仿C1F9假币》、《C1F9假币并非高仿》等报道，新浪、搜狐、网易等网络媒体纷纷进行转载，"C1F9"假币事件逐渐平息	

从"C1F9"假币事件可以看出，假币舆情的发展有着明显的规律可循，传统媒体与新兴网络媒体共同发挥着作用，推动着假币舆情的扩散与消亡。在此次事件中，人民银行营业管理部扮演了政府监管的角色，报道虚假新闻的媒体扮演了舆论领袖的角色，广大网络民众扮演了普通网民的角色。

在"C1F9"假币事件出现之前，人民银行的宣传口径始终是综合参照多个防伪点判定货币真假，从未将冠字号码作为识别假币的唯一特征，社会上对于此类事件的公开报道也很少，因此当某媒体刊发《"C1F9"高仿百元假币北京现身》文章后，迅速引发舆论关注。除去报道带来的常规收益外，网络环境和社会环境为报道舆情的媒体带来了巨大的额外收益，例如社会影响力扩大、广告收益增加等，而由于人民银行尚未明确对假币虚假信息传播的惩治措施，该媒体所需承担的成本很低，在这种情况下，媒体会忽略考虑信息真假，积极参与转发。随着人民银行积极采取监管措施，邀请新华社、北京卫视、北京广播电视台、《新京报》等十家主流媒体召开媒体见面会，实地演示了北京市在用的各品牌点钞机对"C1F9"假币的鉴别情况，针对媒体关注的焦点问题——解答，使各媒体能够更加理性、准确地判断假币网络信息，降低了转发负面假币舆情的收益，提高了转发的成本，传统媒体和网络媒体转而顺应政府导向，跟随参与，帮助人民银行澄清"C1F9"假币新闻。随后，人民银行借势开展后续宣传，与北京卫视《科教直通车》等栏目合作拍摄了反假货币知识宣传专题，引导公众从正确途径学习反假货币知识，不信谣、不传谣，并在每年开展的反假货币宣传月中要求各商业银行向公众强调冠字号码不是识别假币的唯一依据，从而削弱了负面假币网络舆情传播的网民基础，提升了政府的公信力和网络威望。

四、政策建议

（一）拓展反假货币正面宣传途径，占领新媒体舆论阵地

一是注重央行官方微博、微信公众号的建设、完善和推广，培养其在网络民众中的公信力，建立良好的沟通互动渠道，以便理解公众的动向和诉求，在假币网络舆论方面占据新媒体主导权，逐步替代"舆论领袖"的舆论引领作用，从而降低舆论领袖在转发假币信息中可能获得的直接受益 R 和间接受益 ΔR。二是充分利用微博、微信、网络直播等新媒体平台，经常性地发布人民币纸币和硬币真伪的简易鉴别方法和假币案例，将反假币常识制作成"微动画"、"微电影"等形式广泛传播，针对特定的假币网络舆情及时发布信息含量高、专业性和可信性强的深度报道，使舆论领袖能够更加理性、准确地判断出假币网络信息的真伪，引导网络舆论朝真实、健康的方向发展。三是通过播出反假货币公益广告、设立公益代言人等形式增加舆论领袖在

正面信息传播博弈中的收益；通过评选反假货币荣誉市民、开发手机APP等反假货币网络"直通车"的形式让广大网民能够更加快捷准确地了解事件真相、掌握反假货币知识，提高广大网络民众的舆论素养，通过影响变量 k 和 p_0，进而减缓或阻止羊群行为对负面信息的扩散。四是保持与电视、电台、报纸等传统媒体的良好合作关系，利用传统媒体的权威性影响假币网络舆情的传播进程和网民的策略选择，通过传统媒体的电子版、公众号进行立体化的舆论引导，稳定民众情绪，最终实现假币网络舆情朝着可控、良性的方向发展。

（二）提高转发成本，抑制虚假网络舆情的滋长

无论是舆情领袖还是网络民众，选择转发未经官方核实的假币网络舆情所承担的主要成本都是面临监管部门的惩处风险。目前，发布虚假消息可能受到的法律惩处的依据主要是《治安管理处罚法》第二十五条和《刑法》第二百九十一条第一款。在《治安管理处罚法》中涉及的需要受到行政处罚的散布虚假信息行为中并未明示包括负面假币网络舆情。《刑法》相关条款则规定"编造虚假的险情、疫情、灾情、警情，在信息网络或者其他媒体上传播，或者明知是上述虚假信息，故意在信息网络或者其他媒体上传播，严重扰乱社会秩序的，处三年以下有期徒刑、拘役或者管制；造成严重后果的，处三年以上七年以下有期徒刑"。可以说，当前对编造和传播虚假网络舆情的入罪门槛较高、惩处范围小、惩处力度也远远不够。

建议通过立法途径加大对于编造、传播负面假币网络舆情行为的查处力度、丰富查处手段、扩大惩处范围，从根本上提高舆论领袖转发虚假信息成本 C 和网民盲目追随引起的成本 ΔC，提高其发表言论的责任性。一方面，定期公开由于参与传播不当假币网络舆论而接受惩罚的舆论领袖名单，降低其网络影响力；另一方面，加大刑事处罚力度，建立刑事罚金制度，根据各类论坛、微信、微博、直播等网络平台上出现不当言论的频次进行经济处罚，通过封禁账号、屏蔽内容等网络管理手段降低网民参与度，阻止不良假币网络舆论的扩散。

（三）降低监管成本，提升舆情干预效力

政府要降低网络舆情监管成本需要解决三个问题，即是否决定介入、介入时机选择以及干预手段的选择。一是面对纷繁复杂的网络舆情，政府要提高分辨和判断的能力，在舆情发生的第一时间，能够及时发现，并对舆情是积极还是消极，会对社会产生多大的影响有一个准确预判，从而决定是否介入。要做到这一点，政府需要积极开展政府工作人员的培训工作，培育自己的舆论领袖，增强与舆论领袖、普通网民的良性互动，及时关注网络上的热点问题，对涉及假币、群众利益的话题进行跟踪分析等。二是根据生命周期理论，假币网络舆情的发展有其客观规律，一般分为形成期、扩散期、爆发期和消散期。政府要准确把握假币网络舆情的内在演变规律，提升控制引导舆情发展的能力。根据博弈模型可以看出网民、舆论领袖的策略选择不仅受自己上网习惯、事态发展、其他网民态度影响，也受到政府监管决策的影响，通过仿真试验可以看出，政府介入的时机不是越早越好，过早介入虽然可以控制舆情发展，也会造成资源浪费，过晚介入可能导致舆情爆发，失去控制的能力，因此政府应根据不同性质的舆情，确定不同的控制点，实现社会福利的最大化。三是政府在对假币舆情进行导控时，要保持积极、真诚的应对态度，在舆情发展的不同阶段，适时调整应对策略。要尊重群众的知情权，建立政府与媒体的信息共享机制，就引起舆情的事件处理情况定期或不定期向媒体说明，掌握舆论的话语权。同时要分析征求舆情事件中舆情主体的不同诉求，建立舆情主体的利益与协调机制，积极解决舆情事件所反映的现实问题，线上线下，双管齐下，消除网民的不满情绪，提高政府的公信力。

参考文献

［1］陈福集，黄江玲．基于演化博弈的网络舆情传播的羊群效应研究［J］．情

报杂志，2013，32（10）.

［2］刘尚亮，沈惠璋，李峰，张聪. 突发危机事件中群体性事件产生的动态博弈分析［J］. 系统管理学报，2012，21（2）.

［3］王澍贤，陈福集. 意见领袖参与下微博舆情演化的三方博弈分析［J］. 图书馆学研究，2016（1）.

［4］张倩楠，杨尊琦，史浩. 有限理性转发者的社会网络舆情演化分析［J］. 情报杂志，2014，33（9）.

［5］毕宏音. 网络舆情形成与变动中的群体影响分析［J］. 天津大学学报（社会科学版），2007，9（3）.